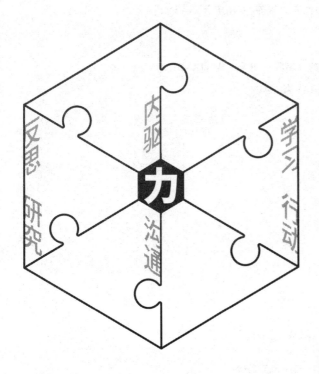

教师如何快速成长

专业发展必备的六大素养

大夏书系·教师专业发展

罗树庚 著

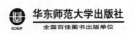

华东师范大学出版社

ECNUP

全国百佳图书出版单位

图书在版编目（CIP）数据

教师如何快速成长：专业发展必备的六大素养/罗树庚著．—上海：
华东师范大学出版社，2018
ISBN 978-7-5675-7710-7

Ⅰ.①教... Ⅱ.①罗... Ⅲ.①师资培养—研究 Ⅳ.①G451.2

中国版本图书馆 CIP 数据核字（2018）第 094659 号

大夏书系·教师专业发展

教师如何快速成长
——专业发展必备的六大素养

著　　者　罗树庚
责任编辑　卢风保
封面设计　奇文云海·设计顾问

出版发行　华东师范大学出版社
社　　址　上海市中山北路 3663 号　邮编　200062
网　　址　www.ecnupress.com.cn
电　　话　021-60821666　行政传真　021-62572105
客服电话　021-62865537
邮购电话　021-62869887　地址　上海市中山北路 3663 号华东师范大学校内先锋路口
网　　店　http：//hdsdcbs.tmall.com

印　刷　者　三河市龙林印务有限公司
开　　本　700×1000　16 开
插　　页　1
印　　张　14
字　　数　214 千字
版　　次　2018 年 6 月第一版
印　　次　2025 年 4 月第二十四次
印　　数　74 101-75 100
书　　号　ISBN 978-7-5675-7710-7/G·11116
定　　价　58.00 元

出 版 人　王　焰

（如发现本版图书有印订质量问题，请寄回本社市场部调换或电话 021-62865537 联系）

素养一　内驱力

> 我们的心智模式不仅影响我们如何认知周围的世界，还决定我们采取何种行动。
>
> ——彼得·圣吉

素养二 学习力

> 没有孤独，什么事都干不成。
>
> ——毕加索

素养三 行动力

> 每一个不曾起舞的日子，都是对生命的辜负。
>
> ——尼采

素养四　沟通力

> 教育就是一棵树摇动另一棵树，一朵云推动另一朵云，一个灵魂唤醒另一个灵魂。
>
> ——雅斯贝尔斯

素养五　研究力

> 世界到底是怎么回事，这我并不在意。我只想弄懂如何在其中生活。
>
> ——海明威

素养六　反思力

> 人是一根能思想的苇草，我们的全部尊严就在于思想。
>
> ——帕斯卡

教师成长必备的六大素养

　　教师专业成长是当前最热门的话题，也是当前教育改革、提高教育质量的关键。我想它的重要性是不言而喻的。问题是教师如何在专业上尽快成长，成为一名好教师，受学生欢迎的教师？教师成长有无规律可循？这是大家正在探讨的问题。

　　著名教育家吕型伟老师生前有三句话，值得我们思考领悟。他说：教育是事业，其意义在于奉献；教育是科学，其价值在于求真；教育是艺术，其生命在于创新。我想，一名教师能记住这三句话，并不断努力实践，必定会成为一名好教师。

　　罗树庚老师从教近30年，他一直在不断思考教师如何快速成长的问题。他把教师成长的秘诀归纳为六大素养，即：内驱力、学习力、行动力、沟通力、研究力、反思力。归纳得很好。这本书很大的特点是，他在书中不是讲这些素养的道理，也不是光讲自己教育教学的经验，而是用一个个他所遇到的、看到的、听到的教育故事，引发自己的思考、感想和议论，这是他对教育的一种感悟。我想这正好反映了他成长的六大素养。本书内容非常丰富，具有可读性。如果一线教师边阅读，边与身边的故事联系起来思考，一定也会有所领悟。

罗老师要我写几句，是为序。

（签名）

2017 年 12 月 19 日

（中国教育学会原会长、北京师范大学资深教授、国家教育咨询委员会委员、新中国百位教育名家大师之一）

成就好教师的细节

树庚把书稿寄给我的时候，说实话，我没有兴趣读。

因为那段时间我沉迷于读童书，我所知道的很多来自童书。有一部小说，里面提到一个电视节目叫《交通瘫痪那一天》，该节目请了很多人分析城市交通为什么这么糟糕。那些有头有脸的专家在电视里面说了一堆让人听不懂的话，什么"移动物体的宿命"，什么"不移动物体的可预见的增长"。其中有个明星甘博林小姐，她分析说："现在交通拥堵是因为卡车太多，太大了。"我差点笑出声来，我唯一听懂的就是甘博林小姐的话。现在很多专家，就是这样，说一堆术语，说得很玄乎，说得云里雾里，就是为了表明自己是专家，就是为了表明自己很有研究。

我就怕树庚的新书也是走这个路子，一大堆术语，一大堆概念，一大堆表格。不是说不能这样写，而是我个人不喜欢读这样的书。所以我带着很低的期待看树庚的书，看完以后却收获了巨大的惊喜。我是一口气读完的，他竟然是用大白话来写，他竟是浅浅地写，这让我很意外。树庚的语言平实流畅，我可以看懂，我相信绝大部分老师也可以看懂。

"可以看懂"并不意味着书里的内容了无新意、乏善可陈。我有几个医生朋友，我觉得他们很辛苦，几乎每天都在学习，要经常参加考试，要不断熟悉新的药物，了解新的医疗技术。其实，老师和医生一样，需要每天思考、终身学习。教育唯有与时俱进，才能永续经营。因为这个时代教学对象在变化，人才需求在变化，教育问题层出不穷、日新月异，相应地，教育理念、教育理解、教育方法也都要变化。怎么当老师？既要回首过去找经验，更要面向未来求创新。在树庚的书里，我们可以看到"新"，可以看到"以终为始""认知冲突和情感冲突""系统思考"等许多新见解，可以看到他对于"分数"这样的常态事物有自己的新思考，可以看到他由"火红花、尖毛草和毛竹"等生活实物引申出独特的教育观点。

真的有收获。

看树庚的书，确实可以获得向上的力量。

工作中的我们，有失败，有迷惘，有无助，我们变得有些信奉"宿命论"，渐渐丧失继续尝试、努力的动力。而树庚的书让人看到一线希望的光亮，重燃起奋斗的热情。

第一，这本书是写给希望成长的老师的。他对你总是报以理解，他承认老师的忙碌，承认老师需要面对太多没完没了的杂事、毫无意义的培训和名目繁多的检查，承认老师的收入还有待提高，认为老师面对家长、社会的多元需求手忙脚乱、手足无措是正常的。他在书中反复提到他也是挫败群体中的一员，所以他不是高高在上地教训你要干什么，而是和你站在一起想该怎么做。这一点很重要。他不是居高临下，而是和你并肩作战。

第二，书中列举了大量成功的例子，但是他所举的例子，是他亲耳所闻、亲眼所见、亲身经历的。这些例子最大的特点是真实、接地气。不像有些文章，例子都是虚构的、遥远的，文章里的道理虽然也是正确的，骨子里却是虚的，比如那些成功学大师，他们的成功，很多是嘴上的，没有切身的体验。最重要的是，他绝不回避真相：一个老师的成长，除了自身需要付出各种努力，也基于个人的先天禀赋，也需要环境的改善优化，也需要制度的合理完备。他和盘托出，不是简单地给你打鸡血。

第三，书中列举了很多通往成功的路径。他不会逼着你做，他希望你获得启发后，加上自己的思考，结合自己的情境，再作选择。所以在书中他经常问"你是什么类型，你是什么风格"。通往罗马的路有很多条，而你要自己选择一条。活着的方式、成功的路径千千万万，我们各自活了几十年，经历了万般事，每个人的情况都不一样，我们可不要简单机械的正确答案。这本书，树庚就是在提建议，而不是在写规定。这是多么难能可贵。

没想到，树庚在这么忙的情况下，还写了这本书。

他的行为本身就注解了如何实现成长。

作为一个读者，谢谢树庚。

蒋军晶

2018 年 3 月 10 日

（全国著名特级教师，中小学正高级教师，全国教育改革创新教师，全国知名儿童文学阅读推广人，全国第六届青年教师阅读教学评比一等奖获得者，"全人教育提名奖"获得者）

教师向上生长的力量

　　这本书是送给不甘平凡的老师们的。从教马上就快 30 年了，一路走来，我时常被一批又一批有教育情怀的老师感染着、激励着。他们如同深邃夜空中闪耀的星星，在我孤独夜行时，给我光亮与力量；他们如同茫茫大海里忽明忽暗的航标灯，给我方向与希望。汲取着他们的力量，我跌跌撞撞蹒跚前行。随着年岁增长，在教育丛林中越走越深，我感觉自己未知的东西越来越多。这就好比驾驶汽车，新手上路，初生牛犊不怕虎，车子开得生猛，别人看着胆战心惊，自己却不觉得有多么惊险。随着驾龄增长，磕磕碰碰的交通事故，让我们慢慢学会谨小慎微。教育是一项越做越让人感觉责任、使命重大的事业，是一项越做越让人敬畏、后怕的研究与专业。因为它既可以诲人不倦，也可以毁人不倦。近 30 年的从教经历中，我接触过成百上千的老师。有些老师日行千里，常常给你"士别三日"望其项背之感，而有些老师则周而复始、日复一日，给你原地踏步，甚至不进则退之感。

　　我时常想，为什么有那么多的老师，满怀热情与期待迈入教育领地，却在踏入这片神圣的土地不久之后，便随波逐流，很快被环境磨去棱角？改革的脚步越来越快，实践的成果越来越多，大家在一路狂奔，一点儿也停不下来，但狂奔之后，为什么更多的是茫然？忙备课，忙上课，忙批改，忙培训，忙学习，忙着填写各种没完没了的表格，现实职业生活的纷繁复杂，让许多老师很快陷入按部就班、周而复始的职业怪圈。因为忙碌，因为茫然，渐渐地便进入"心死"的盲目。因为忙碌，因为茫然，因为盲目，渐渐地便不再有向上生长的力量。

促使我写这本书的缘由有两个。一来，我是一名生长极其缓慢的教师，我长了近30年，还不如别人20年、15年长得高，长得大。但我有个重要品质——从没有放弃生长。我想，连我这样低起点、慢生长的人都能成为别人心目中的所谓名师，还有谁不能成长、成功呢？二来，我想给那些不甘平凡的教师一些内生力，用自己近30年的教育体悟，让他们少走一点弯路，让更多的老师成为日行千里，令人刮目相看的人民教师。

教师向上生长的力量来自内驱力。一辆发动机未曾启动的汽车，即便推的人再多，推的力气再大，也永远跑不赢启动了发动机，开得很慢的汽车。同样的道理，教师的生长，靠的主要不是外驱力，而是内驱力。一个人可被他人看到的行为举止，是水面上可见的冰山，而支配和决定它的则是心灵深处不可见的心智模式，即水面下不可见的冰山。如何启动发动机，如何让发动机拥有充足的能源供给？唯有不断改进心智模式。不断强化我们的责任感、使命感，时刻不忘我们的社会性需要，是强大内驱力的动力源。台湾著名作家张晓风在《我交给你们一个孩子》一文中说："今天清晨，我交给你一个欢欣、诚实又颖悟的小男孩。多年以后，你将还我一个怎样的青年？"她的叩问，道出了普天下所有父母的心声。社会、家长对我们教育工作者的信任和期许，就是我们强大内驱力的动力源，我们只有时刻不忘教育工作者的使命与担当，不忘初心，才能永葆职业的敬畏感，让内驱力如强劲的马达，不断轰鸣，推动我们砥砺前行。

教师向上生长的力量来自学习力。北宋著名书法家黄庭坚曾说：三日不读书，面目可憎、言语无味。毛泽东主席曾说："饭可以一日不吃，觉可以一日不睡，书不可以一日不读。"读书对于教师而言，太重要了。朱永新教授曾说："教师读书不仅是学生读书的前提，而且是整个教育的前提。读书可以改善教师的专业结构，增强教师的专业智慧，提升教师的专业精神。"

一个人会读书可以改变自己的命运，一群人会读书就可以改变一所学校的命运，千千万万个会读书的老师，就会改变无数个孩子的命运，进而改变国家、民族的命运。读书是学习力的一部分，学习力还包括学习的动力、毅力和能力，以及向书本以外学习。我们只有把读书获取的知识资源转化为知识资本，才能促使自己向上生长。经验告诉我们，即使在比较熟知的领域里，我们真正能够知道的不过是15%，我们知道自己不知道的占30%，二者加起来是45%；还有55%，即一大半，是我们不知道自己不知道的。正因为如此，我们必须持续不断地学习，养成终身学习的习惯。为什么我如此强调学习力？主要是因为由于生存的压力和物质利益的诱惑，许多老师都把眼光和精力投向外部世界，不再关注自己的内心世界。其结果是灵魂日益萎缩和空虚，只剩下了一个在世界上忙碌不止的躯体。而与此相对应的则是一个知识大爆炸的瞬息万变的信息时代。据2014年的统计数据显示，全球每年会产生800万首新歌，200万本新书，1.6万部新电影，300亿个博客帖子，1820亿条微信信息，4万件新产品。目前，我们人的大脑在速度、记忆力、洞察力上并没有像电脑性能一样每18个月翻一番。社会进步这么快，如果我们还缺乏强盛的学习力，且不谈生长问题，恐怕我们首先要考虑的是会不会被淘汰的问题。

教师向上生长的力量来自反思力。帕斯卡说：人是一根能思想的苇草，我们的全部尊严就在于思想。教师的反思力是教师在职业活动中，把自我作为意识的对象，以及在教育教学过程中，将教育教学活动本身作为意识的对象，不断对自我及教学进行积极、主动的评价、反馈、控制和调节的能力。反思力是教师专业持续发展的一种必备素质，也是教师多种能力的综合体现。修炼并提高反思力，是促进教师专业化发展的有效途径。基于近30年的教育观察，我发现按部就班型教师与专家、学者型教师之间仅仅相差一个"反思力"。许多老师"两眼一睁忙到熄灯"，每天蝼蚁一般忙得团团转，整个教育循环圈就是"实践—实践—实践"。而专家、学者型教师则不同，他们构筑的职业生命是"实践—反思—提升"。教师的教学不仅在增长学生的知识，塑造其能力，也是在培养其形成良好的道德习惯。教师要成为具有反思能力的道德行为者，教师必须是家长及儿童能够信赖的人。职业的伦理道德告诉我们，我们必须努力逼近"反思性实践家"的"境界"。我们必须养成"吾日三省吾身"的习惯。

如果把内驱力比作一台发动机的话，那么学习力就好比给发动机提供源源不断能源的燃料，而反思力则是决定汽车前行方向的方向盘。海明威说："世界到底是怎么回事，这我并不在意。我只想弄懂如何在其中生活。"亲爱的老师，我想把海明威的话稍微改动一下，送给你：教育到底是怎么回事，也许我们穷其一生都难以找寻其真谛。但我们要弄懂如何让自己在其中变得游刃有余。尼采说："每一个不曾起舞的日子，都是对生命的辜负。"我想说，每一位优秀的老师，都有一股不断向上生长的力量。亲爱的老师，你今天受的苦，吃的亏，担的责，扛的罪，忍的痛，到最后都会变成光，照亮你的路。奋力向上生长吧，上面的阳光更灿烂，上面的天空更广阔。

释迦牟尼说过，生命中的遇见都有必然的意义，没有偶然的相遇。今天，这本书能够与你相遇，我相信这是某种必然。意大利诗人卢恰诺·德克雷申说："我们都是只有一只翅膀的天使，只有相互拥抱才能飞翔。"我多么希望，这本书是天使的一只翅膀，遇见你，与你相拥。然后，我们一起飞翔。飞翔，是多么快乐、幸福啊！

罗树庚

2018 年 3 月

6

PART 1

素养一　内驱力

德国教育家第斯多惠说："教学艺术的本质不在于传授本领，而在于激励、唤醒、鼓舞。"同样道理，教师的快速成长源自觉醒，源自向上生长的内驱力。而强大的内驱力来自责任感、使命感与担当精神。如果能把今天平凡的教育事业与国家、民族的未来时时联系在一起，我们就能获得源源不断的内驱力。

成功的道路是由目标铺成的

成功的道路都是由目标铺成的。愿你学会目标管理法，用一个一个小目标铺设自己的成长、成功之路。有梦想，并朝着一个个目标努力，你一定会成功。只要有目标、梦想，不管什么时候上路都不晚。只要上路，你一定会赶上属于自己的盛典。

——题注

1939年冬天，15岁的约翰·葛达德正在书房里做作业。他爸爸和一位朋友在客厅里聊天。那位伯伯在聊天的时候叹息道："唉，如果时光能倒流，我能变成和约翰·葛达德一样的少年该多好啊！如果能够这样，我相信我一生的成就肯定和现在大不一样。"这句话深深触动了约翰·葛达德的心灵。他想：如果我现在不确定目标，将来一定也会像伯伯那样后悔、叹息的，我要从现在开始确定自己的人生目标，我要把自己一生要做的事情写下来，然后对照目标，一件一件去完成，去实现。于是他拿出一个本子，花了五个小时，一口气写了127个人生目标，并在本子的第一页端端正正地写上"约翰的终生计划"。下面是这些目标中的一部分：

目标一：探索尼罗河；

目标二十一：登上珠穆朗玛峰；

目标四十：驾驶飞机；

目标五十四：去南、北极；

目标一百一十一：读完莎士比亚、柏拉图等十七位大师的全部名著；

目标一百二十五：登上遥远、美丽的月球；

……

为了实现这些目标和梦想，约翰·葛达德在他的小本子上写上了周计划和月计划。他每周都要量体重、分析食谱和自我检查行动的得失。每天早晨他要花一小时练习杠铃、拉力器和单杠，以确保身体健康。总之，约翰·葛达德全力以赴地朝着自己定下的目标而努力着。每当他实现了一个目标，他便开心地在这个目标旁边画上一个代表成功的红色标记。结果到约翰·葛达德61岁的时候，他成功地实现了127个目标中的108个。

约翰·葛达德的故事，给了我很大的触动与启发。有志者事竟成，成功的道路是由一个个目标铺设而成的。在日常生活、工作中，我们是否有过这样的体会——有无明确的目标，人的精神状态完全不一样？明确的奋斗目标催人奋进，促使我们千方百计去达成预定的目标；反之，目标不明确，我们就会感到无所追求，无所事事。在我们的周围，可以看到不少人终生都像梦游者一样，漫无目的地游荡。他们每天都按熟悉的"老一套"生活，从来不问自己："我这一生到底要干什么？我的理想是什么？我有哪些目标？"他们对自己的所作所为不甚了了，整日浑浑噩噩度日。教师是社会群体中一个庞大的特殊人群，社会上这种普遍的现象在教师群体中同样也存在。

有无明晰的目标，让许多教师收获截然不同的两种人生。全国著名特级教师林良富是我十分熟悉的一位好朋友。他站上讲台仅七年，便在全国赛课中荣获一等奖；参加工作15年，便获评省特级教师。许多人惊叹他的快速发展，艳羡他的平坦专业之路。他说："我的专业发展之所以先于一同分配的其他同学，一个很重要的原因就是我自我意识觉醒比较早。我对自己每五年怎么发展，有个明晰的五年计划。"林良富老师在初入职时对自己教师职业生涯的明确规划，是他先于他人成长的一个重要因素。明确的规划，就像为自己的行动定下的明确目标一样。有了目标，才能不断调整自己的行为，才能使一个人的行为变成有内在联系的有意义的行动，才能够有条不紊地向着自己的目标规划自己的行动。这是成为一个优秀教师应该具备的品质。马克思说，再蹩脚的建筑师都比蜜蜂高明，因为人在活动开始之前，就已经知道活动的结果。在崇尚"跟着感觉走"，推崇"及时行乐""活在当下"的时代里，林良富老师心中有理想，行动有目标。这样的理想和目标，不仅是为自己的人生负责，为自己所从事的事业负责，同时也为他的教师生涯带来无限的生机和乐趣。

像林良富老师这样用目标铺设成长、成功之路的例子举不胜举。张玉栋是甘肃兰州大学职工子弟小学的一名 80 后教师，他 2002 年走上工作岗位，工作仅三年，便站到了全国青年教师作文教学观摩活动的舞台上，获得了全国一等奖；工作仅八年，便在全国第八届青年教师阅读教学观摩活动中荣获特等奖。这令许多同龄人瞠目结舌。在总结自己快速成长之路时，他的一番话语，警醒了许多人。他说："假如我没有在工作之前就定下一个极其明确的职业规划，没有一个坚定不可动摇的人生目标，我不可能成长得那么快。目标除了让我集中精力、一往无前、自己逼自己、充分挖掘潜能以外，还给我些什么？——清晰的目标、属于我的目标，让我能够忍耐、坚持，独自默默努力。当别的老师玩乐的时候，当别的老师很快随波逐流、'被环境磨去棱角'的时候，我每天晚上独自一人在宿舍的灯下读一本本的专业杂志和书籍，勾画、摘抄、思考；我极其认真地备课，不断想办法创新，有时备一篇课文就得花一整个晚上，连书写不好我都要重来。我不放弃自己，我要每天都进步，我不管别人怎样，我有目标要去实现。那段日子的苦涩，任何时候回想起来，都还感受得到，余味犹存。"

成功的道路是由目标铺成的。没有奋斗的方向，就活得浑浑噩噩；准确地把握好自己的喜好和追求，是走向成功的第一步！一个人若看不到自己的目标，就像一个射手看不到靶子，不知从何下手；就像沙漠中的骆驼，缺乏前进的动力。正如一句西方谚语所说的："如果你不知道你要到哪儿去，那通常你哪儿也去不了。"亲爱的老师，如果我们能制订好每天、每年，甚至一辈子的计划，让我们的人生变得更有计划性，有明晰的目标，我们会收获一个截然不同的精彩人生。愿你学会目标管理法，用一个一个小目标铺设自己的成长、成功之路。有梦想，并朝着一个个目标努力，你一定会成功。这个社会没有谁能压制你。只要有目标、梦想，不管什么时候上路都不晚。只要上路，你一定会赶上属于自己的盛典。

人是被逼出来的

为了赶写一篇论文，你有通宵达旦的痛苦经历吗？为了备好一节公开课，磨好一节示范课，你有拒绝手机的诱惑，强迫自己苦苦钻研的经历吗？为了练好自己的基本功，你有过一年半载拒绝参与娱乐活动的经历吗？

——题注

人是被逼出来的。

骨干是折腾出来的。

要经常与自己过不去。

你折磨过自己吗？

我静静地想了一个多小时，仍不知哪个题目更能准确表达自己内心的想法。看了全国教书育人楷模于漪老师的《岁月如歌》，又聆听了她半天的报告，总有一种情感想表达。我率性地敲打着键盘，写下一些零碎的想法。

生活中、工作中，常常听到"顺其自然"的论调，常常看到有些人一副与世无争、任其自然的样子。看破红尘，快乐在当下，是当今社会很多人的处世观、人生观。每当夜深人静，眼皮直打架，却还在忙着备课、做课件时，我常常叩问自己：你活得这么辛苦为了什么？值得吗？后来读到《苏珊的故事》，我再也不会这样问自己了。

苏珊出身于中国台北的音乐世家，从小期望自己能在音乐天地中做出一番事业。阴差阳错，她考进了大学的工商管理系。尽管不喜欢这一专业，但一向认真的她，每学期各科成绩依然优异。毕业后，她被保送到美国麻省理工学院，攻读当时许多学生可望而不可即的 MBA，成绩突出的她，又拿到了经济管理专业的博士学位。如今已是美国证券业界风云人物的她，心存遗憾地说："如果能让我重新选择，我会毫不犹豫地选择音乐。"有人问她："你不喜欢你的专业，为何学得那么棒？不喜欢眼下的工作，为何又做得那么优秀？"她平静地说："因为我在那个职位上，那里有我应尽的职责，我必须认真对待。"

我的职位是老师，我的职责是教好自己所任教的这门课程，让孩子们喜欢我所教的学科，进而充满求知的渴望。吴非老师曾经说过："伟大的教师能让学生早上醒来，感到好幸福，因为今天我又要去上那个老师的课了。"我想，没有老师不希望自己成为学生早上醒来就惦记的老师。

曾经看过一篇文章，大体意思是，我们很多人都为半句名言所误导。其实，"顺其自然"也是这样。原句是这样的：事但观其已然，便可知其未然；人必尽其当然，乃可听其自然。意思是说，只要观察事物发生的状况，就可以知道事物发展的未来；为人必须尽其本分，然后才能自然发展。有些人连其应尽的"本分"都还没有怎么尽到，就在那儿大谈"顺其自然"，实乃是对"顺其自然"的误解啊！

溺爱孩子的人，往往并不知道自己在溺爱孩子，是在害孩子。溺爱自己的人，往往也不知道自己是在溺爱自己，是在害自己。

你在溺爱自己吗？请问自己三个问题：你"折磨"过自己吗？你"拒绝"过自己吗？你"强迫"过自己吗？再追问三个问题：你经常"折磨"自己吗？你经常"拒绝"自己吗？你经常"强迫"自己吗？

浏览雷玲老师编著的《教师的幸福资本》，当读到"2010 年仲夏，在北京持续数日的桑拿天的浸泡中，经过无数个不眠之夜，我终于为这本书的编写画上最后一个句号"时，我对雷玲老师的敬佩油然而生。2004 年，我曾见过雷玲老师，一个弱不禁风的瘦小女子，短短几年竟然编著出数十本很有影响力的作品。每每看到她的新书，我就会感到不可思议：一个大主编，怎么会有那么多属于自己的时间呢？现在我终于找到答案了：当我们坐在电视机前，当我们在睡梦中，她正在折磨自己——夜深人静爬格子。

其他行业的暂且不说，我们熟悉的教育系统中，那些让我们敬佩、崇拜的名师、大师，有哪一个不是靠着自己的艰苦努力成长起来的？

为了赶写一篇论文，你有通宵达旦的痛苦经历吗？为了备好一节公开课，磨好一节示范课，你有拒绝手机的诱惑，强迫自己苦苦钻研的经历吗？为了练好自己的基本功，你有过一年半载拒绝参与娱乐活动的经历吗？

我时常想，每个老师都应该有一两个夜深人静的晚上，独坐书房，静静思索人生，盘点生命历程的体验。

《青年文摘》曾报道过2011年中国达人秀冠军卓君的事迹。上高三、大学时，为了不影响功课，又能练自己喜欢的舞蹈，常常是别人睡了，他的训练才开始。连续几年，他利用深夜11点以后的时间进行长达数小时的训练。每天如此。正因为这样，才成就了他后来的辉煌。

人的本性里，大都喜甜，厌苦；喜宽松，厌严厉；喜情趣，厌刻板；喜自在，厌强迫。故步自封，顺其自然，其实从某种角度讲是对自己的一种溺爱。突破自我，尽其当然则是对自己的一种挑战，一种逼迫。亲爱的老师，试着去逼一逼自己，你不逼自己一把，根本不知道自己有多优秀。

倒空杯子里的水

　　人如杯子，心如容器。杯子需要适时倒空，清水方能及时注入。心灵需要适时清空，清空才能吐故纳新。

——题注

　　一次教研活动中，有位老师上了节研讨课。课后，大家坐在一起评议研讨。我发现，只要别人提出商榷、异议时，这位老师马上解释、反驳。别人说一条，她反驳一条。教研活动在类似于辩解中收场。

　　无独有偶，在另外一所学校的教研活动上，课后，我对上研讨课的老师提出了一些改进建议。没想到说着说着，那位老师竟然委屈地哭了。事后，她给我发来一条长长的留言，说自己上研讨课前身体不佳，上研讨课压力大，为了准备这次研讨课付出许多等等。总之一句话，想告诉我上公开课有多么不容易，不应该被"挑毛拣刺"。

　　的确，站在前面上课，永远比坐在下面听课、评议艰辛许多。但评议、研讨的目的是什么？不就是为了进一步优化、提高吗？如果听不进别人的建议，研讨有何意义呢？每次遇到这类老师，我都会想起盛满水的杯子。生活中，有许多人杯子里总是盛着满满的水，容不得别人再往里面添加。许多教师亦然。

有些老师，几年前走进他的课堂，他左手拿教科书，右手揣在裤袋里，偶尔要板书了，才把右手从裤袋里抽出来写几个黑板字，然后又把手揣在裤袋里。几年后，你再走进他的课堂，依然如故。仿佛前后相隔不是几年，而是前后两节课。有些老师，三年前与他交谈，和三年后与他交谈，他所讲述的教学理念一成不变。有些老师固守着十几二十年的原始经验，应付着一届又一届的学生。走进他的课堂，听他上课，你会有一种走进博物馆之感。这些老师，都存在一个共同的问题：没有适时倾倒自己的水杯，及时更新杯子里的水。

写到这里，我想起一个故事：有一个哲学教授，学识渊博，他听说有一位叫南隐的老禅师对禅很有研究，而且很是智慧。于是，教授便去拜访南隐禅师。教授一坐下便滔滔不绝地讲起了自己的哲学，而在一旁的禅师，却是默默地倒茶，细听。最后，教授终于讲完了，看到南隐禅师还是默默无语，心里面很高兴。他觉得南隐禅师不过如此，并没有别人想象中那么高深。这时候，南隐禅师终于发话了，说："让我给你的杯子添满茶吧。"南隐禅师边说边将茶水注入教授的杯中。杯子满了，南隐禅师好像没有发觉，他继续往杯子里倒茶水，直到茶水溢出，还在添加。望着茶水溢出杯子，满桌都是，教授忙着用纸巾擦拭，并对南隐禅师说："杯子满了，茶水已经漫出来了，禅师不要再倒了。""你就像这杯子，"禅师微笑着说，"你的头脑里装满了你对禅的看法和想法，却来问我。如果你想让我说什么是禅，你得先把自己的杯子空出来啊。"教授听了无地自容。

人在一个单位工作久了，在一个行业里变成熟练工，开始按部就班了，很容易出现"满杯现象"。人如杯子，心如容器，时间长了，里面难免会有沉渣。同样道理，做老师的经过一段安稳而平静的教书生活后，不仅对新知识会感到欠缺，而且对新知识会有一种习惯性的拒绝。久而久之，便失去了注入新鲜水源的容量与勇气。

倒空杯子里的水，就是要有虚怀若谷意识。教师是一个特殊职业，走进教室，面对学生，有一种居高临下之优越感；站上讲台，授起课来，有一种一呼百应之尊贵感；教育学生，娓娓道来，有一种布施之感。长期做教师，与人言语，好教育之。听取别人意见时，似有被教导之不适感。久而久之，就会缺乏虚怀若谷意识。适时倒空杯子里的水，要的就是能听取别人的意见、建议，要的就是能受得相左的观点与刺耳的批评。教育是一门科学，更是一门艺术。哪怕我们穷其一生，都难以完全掌握其真谛，领悟其奥秘。适时倒空杯子里的水，需要我们有悦纳的心态。学生是一个个鲜活的个体，用在这个孩子身上的办法是灵丹妙药，用到另一个孩子身上也许就是误人子弟的损招。适时倒空杯子里的水，就要有胸怀去接受旁人善意的提醒。

倒空杯子里的水，就是要有吐故纳新意识。做了一段时间教师以后，不论是教育，还是教学，都累积了一定的经验。生活的安逸，职业的倦怠，会让我们进入一种程式化工作模式，进入一种"舒适区"。这种"舒适区"会消解人的学习意识、进取意识。有的时候，自己能感觉到理论的匮乏、观念的陈旧，但因为走出"舒适区"太累，跨越"舒适区"太难，就会拒绝接纳新知识、新技术、新思维、新理念。适时倒空杯子里的水，就要敢于把杯子里的沉渣倒掉，不老朽，不迂腐。适时倒空杯子里的水，要有"归零"意识。昨天的荣誉不要挂在墙上，陈列在柜子里，统统收起来，忘掉它。不要让它成为自己前行的负担。适时倒空杯子里的水，要有跨出"舒适区"的勇气。讲和授的教学方式，尽管你已经得心应手，游刃有余，但要知道，还有自主探究法、小组合作法等等。要有勇气去尝试自己不曾习惯、不曾熟知的方法。这就是跨越"舒适区"，这就是吐故纳新。

倒空杯子里的水，就是要有与时俱进意识。如果说"吐故纳新"是敢于与"旧我"诀别，那么"与时俱进"则是敢于与"旧时代"拜拜。科学技术的革新太快了，社会发展的步伐太快了。作为一名教师，要有与时偕行、与时俱进的意识。适时倒空杯子里的水，就是要转变知识观、学生观、教育观。信息社会，知识正以几何级的速度在增长，教育要从"知识核心"跃升至"素养核心"，教师要有新的知识观。信息技术的发展，现代信息媒介的普及运用，使得获取知识的通道变得平等而开放，教师与学生第一次以相同的"学习者"的身份出现在课堂里，教师要有新的学生观。适时倒空杯子里的水，就是要我们紧跟时代步伐，要有预见性，能洞察未来，经常想想未来会怎么样，然后看看我们现在该怎么办。

人如杯子，心如容器。"问渠那得清如许？为有源头活水来。"杯子需要适时倒空，清水方能及时注入。胸藏文墨虚若谷，腹有诗书气自华。心灵需要适时清空，清空才能吐故纳新。人生需要"归零"。"归零"，不仅是一种境界，一种修行，更是一种获取智慧、不断前行的方法。

输不起，你就成长不了

> 我们每个人受的苦，吃的亏，担的责，扛的罪，忍的痛，到最后都会变成光，照亮我们的路。输得起，才能不断超越自我，伤疤上长出的翅膀会更加强劲有力。只有愈挫愈勇，才能把自己活成一处摇曳的风景。
>
> ——题注

　　参加高级教师职称评审，小芳老师名落孙山。得知结果后，她把自己关在房间里大哭了一场。哭过以后，她写了一篇参加职称评审的心路历程。在这篇心得体会里，她回顾了自己整理参评材料的得失，写下了和同事们一起通宵达旦研磨上课教案的点点滴滴，反观了自己在参评过程中借班上课的不尽如人意之处。通篇心得体会，满满的是感激，感激同事们的热情相助；处处是反思与警醒，反思自己的不足，警醒于自己的临时抱佛脚；字里行间洋溢着的是从头再来的决心与斗志。看了她的心得体会，我向她回复说："虽然你没有通过职称评审，但你收获了比顺利通过更可贵的东西。这些可贵的东西一定会让你走得更远，取得更大的成功。"

　　在我们的从教生涯中，一定会遇到许多挫折与失败。公开课上砸了，比赛名落孙山了，论文泥牛入海了。面对失败、失利与挫折，有些老师会怨天尤人、自怨自艾，甚至自暴自弃、一蹶不振。这类老师，常常把关注点放在结果上，一旦失利、失败，就怨声载道，怪比赛规则有问题，怨评委瞎了眼，恨活动有猫腻。把失败、失利全部归咎于客观、外在的东西，从不反观自己的主观因素。的确，我们在参加评比、评审等活动时，有的时候自我感觉挺好，可结果却出乎我们的意料，这个时候，心里确实会非常难受。但如果因此而自暴自弃、一蹶不振，好似看破红尘，其实大可不必。俗话说，人生在世不如意十有八九，谁没有尝过失败的滋味？翻看全国著名特级教师的教育人生，败走麦城的事例比比皆是。于永正老师在自己的论著里详细描述过自己败走麦城的故事，王崧舟老师在讲座中坦言自己失败的上课经历，著名特级教师吴正宪、窦桂梅、薛法根、孙双金、华应龙等都毫不避讳地讲述过自己从教历程中的失败故事。

有一位我熟悉的年轻老师小马，也不知为什么，有那么三五年时间，她参加什么比赛，都与成功失之交臂。教坛新秀评比，她名落孙山；优质课比赛，她比来比去都是三等奖；基本功大赛，她总是与获奖成绩差零点几分。那几年里，我感觉她就好像扛了一把被悟空卸了一个齿牙的猪八戒的铁耙，打什么都与目标差那么一点点儿。但她给我触动最大的是，屡战屡败、屡败屡战的斗志与韧性。失败虐我千百遍，我自岿然向成功。终于，经过三五年的挫败之后，她迎来了属于自己的春暖花开。因为有前面几年的淬火，她练就了荣辱不惊、得失泰然的沉静。从她身上，我真切感受到，每个人的委屈都需要自己去消化，每个人的伤痛都需要自己去愈合。经历了，要学会去反思与感悟，平复内心、愈合伤口才会长出结实的翅膀！

如果说小马屡战屡败、屡败屡战让我感受到的是韧性，那么小陈给我的感受是会反思。小陈老师是我徒弟，她也和小马一样，运气有些背。有一次，在大型赛课舞台上，她看错了时间，结果那节课前松后紧，最后草草结课，与一等奖失之交臂。还有一次，她参加市级教坛新秀评比，我们觉得她的课上得很不错，应该能够获评市级教坛新秀，可结果公布出来，她又是名落孙山。大家都为她扼腕叹息、打抱不平，她却平静地说："我的课一定还有许多不足。或许，在我们自己看来似乎已经很完美了，但换个角度呢？或许我们认为是好的，别人却不这么认为。看来，我还没有强大到别人无可挑剔的地步。我要从自身找原因反思。"小陈老师每次失利之后，都会全面反思自己的不足，正因为养成了这样一个好习惯，具备了这样一个好品质，我从没有看见她一个错误犯两次的情况。正因为她有自我反思的良好心态，我能聆听到她成长拔节发出的声响。的确，我们每个人受的苦，吃的亏，担的责，扛的罪，忍的痛，到最后都会变成光，照亮我们的路。输不起，我们就会畏首畏尾；怕失败，我们就会疑虑重重。只有敢于直面失败与挫折，我们才能越挫越勇。比赛前作最好结果的准备，比赛时作最坏结果的打算，我们才能有坐看云卷云舒，得之泰然失之淡然的淡定。

从哪里跌倒就从哪里爬起来，坚持愈挫愈勇，善于把满腹的委屈转化为奋发的动力。输得起，才能不断超越自我，伤疤上长出的翅膀会更加强劲有力。失败与挫折，何止存在于赛课、评比、评审中，其实工作与生活中也是这样，我们难免会遇到误解，受到委屈。而委屈就像一味药，是良药还是毒药全在于我们能否消化。能消化，就会转化为动力促己成长；不能消化，就会变成坏脾气影响自身。哪里跌倒就从哪里爬起来！贫穷对于贫穷者来说是屈辱，而对于摆脱贫穷者来说，当年的贫穷恰恰是其骄傲的资本。

不经历风雨怎么见彩虹。输不起，我们就成长不了。只有愈挫愈勇，才能把自己活成一处摇曳的风景。

离闲人要远一点

张爱玲说：出名要趁早。我说：远离闲人要趁早。和闲人在一起，不仅会改变你的思维方式，而且会改变你的世界观、价值观、人生观。和不一样的人在一起，就会有不一样的人生。和勤奋的人在一起，你不会懒惰；和积极的人在一起，你不会消沉。与智者同行，你会不同凡响；与高人为伍，你能登上巅峰。

——题注

　　小廖是一位走上工作岗位才七八年的青年教师，有才气，年轻有活力。学校很想好好培养她，让她成为单位里的中流砥柱、教学骨干。但安排她上公开课，她死活不愿意；叮嘱她写论文，她总会找各种理由推脱；让她参加青年教师沙龙，她抱怨占用了她八小时之外的时间……久而久之，学校各个部门安排工作，都不敢、不会也不再考虑她了。看着这么一棵好苗子，小小年纪就开始"混日子"，我们大家无不替她扼腕叹息。一次，在学校中层以上领导批评与自我批评的反思会上，大家在反思小廖不思进取的原因时，一位中层领导说："小廖不思进取，是因为我们这些人和一批闲人拔河失败了。"这位老师的话语，让我陷入深深的思考之中。我没有想到"近朱者赤，近墨者黑"有如此鲜活的现实版。

现行的学校人事体制、管理体制，使得每个单位都或多或少存在着一批闲人。新学年开始前，学校在安排课务时，他们总是千方百计找理由，要求少排一点课务，拒绝担任班主任。工作过程中，除了学校排定的工作量外，从不肯多承担一点点儿额外工作。即便是排定的工作，他们也是能应付则应付，能将就则将就，能简化则简化。分配工作时，极力争取工作最少化；做工作时，能偷工减料就偷工减料。闲人就这样在一个个单位中产生了。

和闲人在一起，你关注的东西会发生改变。全身心投入在工作上的老师，每天忙着备课、上课、批改、辅导，忙着做学生、班级工作，忙着进修、学习、提升专业素养，关注的是如何提高自己的执教能力，如何涵养自己的文化修为，如何进行教育科研，等等。而闲人不同，他关注的是家长里短，关注的是各种八卦新闻。他们凑在一起，说的全是鸡毛蒜皮的工作、生活琐事。有时，同事、学校领导的一句不经意的话语，经过他们条分缕析的不断解读，就会衍生出许多让你匪夷所思的东西来。人的精力是一个常数，工作量少了，工作投入少了，精力自然就会过剩。过剩的精力总得有个去处吧，往哪里去？挑毛拣刺、品头论足最容易打开闲人精力过剩的闸门。和闲人在一起久了，你关注的东西就会悄然发生改变。最可怕的是，这种改变连你自己都不容易察觉。

和闲人在一起，你会慢慢学会计较。计较教导处的课务安排，偶尔有其他老师外出培训、请假，教导处临时安排顶代课，闲人都会计较。计较学校的工作安排，学校里如果临时有公益活动等额外的任务，闲人都会抱怨事多。遇到奖金发放、绩效工资考核，最会计较的就是闲人。他们从不反思自己的付出与投入，在获取报酬、奖励时却要求和那些兢兢业业、勤勤恳恳的一视同仁。倘若少拿了一点点，就会天天念叨，让你不胜其烦。和闲人在一起待久了，慢慢地你就学会了斤斤计较。计较久了，心眼就小了。心眼小了，事情就大了，天地自然就大不了。

和闲人在一起，慢慢地你的思维方式也会发生改变。学校要求班主任家访，你会想，都什么时代了，现在通信这么发达，有微信、QQ，还用上门家访吗？别的老师利用边边角角的时间积极撰写论文，你会想，有这个闲工夫，还不如及时行乐呢。别的老师忙着参加各类业务竞赛，你会想，这么拼命值得吗？熬夜、折腾伤了身体怎么办？和闲人在一起久了，你的思维方式慢慢地会朝着挑剔、不怀好意、不相信别人的教育情怀发展。最终，他会让你的思维方式走入"怎么好混日子怎么干"的松懈、松垮的模式，整个人呈现出一种懒散、玩世不恭的精神面貌。

闲人对年轻教师，对所在办公室的小群体，对整个单位的影响力是巨大的。他应付了事的工作作风，在有些人眼里会成为举重若轻的榜样；他不思进取的本质，在有些人眼里会成为看淡名利的淡泊；他玩世不恭的面貌，在有些人眼里会成为闲云野鹤的洒脱。教师与教师之间本来差距并不大，紧一紧，可能就成为事业型的优秀教师；松一松，很快就滑向职业型的平庸教师。而在紧与松之间，绝大多数人还是喜欢松散、松弛的。因此，闲人在任何地方都特别有人缘，特别有市场。青年教师入职初期，最要注意的是远离单位里的闲人。正如那位老师所说，我们在和闲人拔河时失败了。每个单位都有一条看不见的绳索，每天都在进行着"无绳拔河比赛"。绳索的一头是闲人，而另一头是时常鞭策你发展、令你感到不舒服的人。只要你稍不留神，可能就很快被闲人"拔过去了"。

张爱玲说：出名要趁早。我说：远离闲人要趁早。和闲人在一起，不仅会改变你的思维方式，而且会改变你的世界观、价值观、人生观。和不一样的人在一起，就会有不一样的人生。你和谁在一起的确很重要，甚至能改变你的成长轨迹，决定你的人生成败。和勤奋的人在一起，你不会懒惰；和积极的人在一起，你不会消沉。与智者同行，你会不同凡响；与高人为伍，你能登上巅峰。

每天坚持写作500字

　　　　如果你每天落后别人半步，一年就是180多步，十年就和别人相差十万八千里了。同样道理，如果我们每天比别人快半步，一年下来就会超出别人一大截。聚沙成塔，集腋成裘，绳锯木断，水滴石穿，每天坚持写500字，一年以后就会有奇迹发生。

　　　　　　　　　　　　　　　　　　　　　　　　　　——题注

　　2017年1月14日，周有光去世，享年112岁。他是我国著名语言学家、文字学家、经济学家，通晓汉、英、法、日四种语言。早年专攻经济，近50岁时转行，参与设计汉语拼音方案，被誉为"汉语拼音之父"。

　　如果用上面这段文字介绍周有光先生，估计绝大部分人看了印象不是很深。我把周先生的生平介绍换一种表述，你一定会惊讶得张大嘴巴。

　　50岁以前的周有光是金融专家和经济学教授。

　　50岁到80岁他是优秀的语言文学家，因主持拟定的《汉字拼音方案》而家喻户晓。

　　85岁离开办公室，开始居家办公，成为出色的作家和百科全书式的启蒙思想家。

　　一生写就40多部专著。百岁之后，写了六部专著。

为什么周先生能取得如此辉煌的成就？成功的秘诀：每天坚持写作 1000 字，即便百岁之后也从不间断。

在我们教师队伍中，有相当一部分老师，除了备课之外，极少会拿起笔写作。不写教学札记，不写课后反思，不写教育教学随笔，不写论文、案例。这种现象不仅存在于非语文教师中，一些语文老师也是如此。按理说，语文老师是要教学生写话、作文的，如果连自己都不写作，怎么教别人写作呢？这岂不是怪事吗？

回望民国时期，虽然战火纷飞、时局动荡，但有多少站着是一尊雕像，倒下是一座丰碑的教师啊。鲁迅、朱自清、陶行知、叶圣陶……没有教材，自己编；没有课文、范文，自己写。民国时期，许多在一线当普通教员的先生，既是教育家，也是大作家。

当下，在小学语文教师队伍中，有两位全国名师是大家极其熟悉的，一位是江苏省特级教师管建刚老师，一位是福建省青年才俊何捷老师。他们俩有一个共同特点：每天坚持写作。据说，管建刚老师给自己定的目标是每天坚持写 3000 字的文章，雷打不动，即便是过春节也不间断。何捷老师说，他每天 3000 字做不到，他给自己定的目标是每天坚持写 1000 字的原创文章。不论是 3000 字，还是 1000 字，只要能每天坚持，那就是一项了不起的工程。试想，一年 365 天，每天 1000 字，就是 36 万多字。36 万多字的原创文章如果汇编成书，一般可以编成两本。一名普通老师，一边教书，一年还能有两部著作诞生，该是多么了不起的成就啊！正因为如此，管建刚、何捷老师，这些年几乎每年都有一两部教学论著公开出版、发行。何捷老师说，他从教 20 多年，已经有 30 多部论著出版。猛一听，感觉不可思议，或者说遥不可及。如果分解成每天 500 字或 1000 字，其实这项浩大工程并不是高不可攀。

每天坚持写作原创文章 500 字，一年就是近 20 万字，汇编在一起，就是极其像样的一部著作了。每天坚持写 500 字，难吗？静下心来想一想，其实一点也不难，写 500 字的时间，也就是你翻看半小时网页的工夫，或是你低头翻看微信朋友圈闲逛一圈的时间。按理说，每天挤出这么点时间，不难呀。可为什么绝大多数老师做不到呢？

其一，缺乏"持之以恒"的意志与毅力。许多老师常常艳羡别人的成就，也有积极进取的热情，但往往是三分钟热度一过，便又开始按部就班，回到了每天只知埋头赶路，不知抬头看路的工作常态。人世间，有多少再简单不过的事，看起来人人都能做到，然而，常常因为我们无法坚持不懈，最后难以取得超出常人的成就。就比如读书吧，如果你能坚持每天看三页，一年就是一千多页，一千多页就是好几本书呀，十年就能看好几十本呢。每天三页，再少不过了，多么容易做的事呀，如果我们能坚持几年，你就会成为一个很有学问的人。尽管一天只有三页，但如果几年如一日，就是一个巨大的数字啊。盛田昭夫曾经说过：如果你每天落后别人半步，一年就是180多步，十年就和别人相差十万八千里了。同样道理，如果我们每天比别人快半步，一年下来就会超出别人一大截。

其二，没有把工作当学问来做。许多老师从入职到退休，仅仅把教书当作职业而已。其实，教育是一门艺术，也是一门科学。它是一种内隐性极强的工作。几千年来，多少人在探寻都还没有完全解码教育的真谛。许多老师之所以不能坚持每天写教学札记、教学反思，关键原因是没有把工作当学问来研究。如果有把工作当学问来对待的工匠精神、教育家情怀，每天坚持写500字的原创文章，便不再是一件难事。

其三，没有把写作当作生活的常态与习惯。培根说："读书使人充实，讨论使人机敏，写作则能使人精确。"教师职业的特殊性，决定了我们必须把读书、写作作为自己的生活常态与习惯。许多老师没有养成这种习惯，很大原因在于没有意识到写作对教师的重要性。教育评估的模糊性、延后性，教师专业水平高低衡量的复杂性，让许多老师"以其昏昏使人昭昭"，还自我感觉良好，没有意识到写作对一名教师从经验型走向专家型的重要意义。人都是这样的，心里不屑，自然行为上会抵触之。每天能否坚持写一点，关键还是意识问题，如果意识问题解决了，写多写少就不是问题了。

一曝十寒，寸进尺退，有始无终，只能半途而废。俗话说得好：不怕慢，只怕站。聚沙成塔，集腋成裘，绳锯木断，水滴石穿，倘若我们能够做到坚持不懈、持之以恒，倘若我们能把教育工作当学问来研究，倘若我们能把写作当作生活的一种常态与习惯，每天坚持写500字的文章就不再是一件难事。我也相信，不久的将来，你也会像管建刚、何捷老师那样，成为别人艳羡、仰视的名师。

智慧教育时代如何 "弯道超越"？

> 未来已经到来，只是尚未流行。信息技术、智慧教育不仅仅变革我们的教学手段，更关键的是能转变我们的教学方式与思维方式，能重构出一种崭新的教育理论、教育思想。
>
> ——题注

弯道能否超越这个问题，曾经引起不小的争论。不过，在 400 米的赛跑中，我确实见识过内侧几条跑道上的选手赶超外侧运动员的场景。借用大家熟知的 "弯道超越"，我只是想说后来者如何跨越式发展的问题。在教育界，我们前面有许多高山仰止的名师大咖。除此之外，还有许多优秀的前辈。远远望去，我们前面不说是黑压压的一片，至少也是千帆竞发。作为刚走上教育工作岗位的年轻教师，如何尽快走出初入职的适应期，弯道超越实现跨越式发展，从而迈入成熟期？我曾经在多个场合说过：当下，对于年轻教师来说，实现弯道超越的重要路径是用现代技术追赶大师。

信息技术的发展速度超出了我们的想象。从录音机播放朗读录音，实物投影仪投放透明塑料胶片，到今天平板电脑成为学生上课的工具，信息技术在教育教学中的运用，发展速度之快，让我们不敢想象。

信息技术在教育教学中的运用，是被动接受，还是主动探索、实践，对教师的专业发展有着很重要的影响。年轻人对新生事物，天生有一种超然接受力。因此，如果想在教师队伍中弯道超越，实现跨越发展，成为别人前面的"千帆竞发"，我们应该义无反顾地投身到信息技术在教育教学中运用的实践中。

早在2010年时，平板电脑进课堂还是新生事物。一学校配备了40多套平板电脑，希望有人自告奋勇站出来进行尝试、实验。因为操作烦琐，工作量大，大家都不愿意接手实验。我认识的一位年轻数学教师，见没有人愿意实验，抱着试试看的态度就接手了。因为是新生事物，她一边尝试，一边研究，一边和技术人员一起优化。没想到，三年"玩"下来，她不仅成就了一个班级（这个班级的学生不论是数学成绩，还是信息技术水平都是年级里最棒的），而且也成就了自己，成为全国信息技术在教育教学中运用的先锋，经常受邀到全国各地宣讲经验、上示范观摩课。如今，这位年轻的数学老师一跃成为当地响当当的一位名师。她不仅把同龄人远远地甩在后面，而且把许多早她多年站上讲台的青年骨干甩在了后面。

利用信息技术进行学校管理、教育教学的例子，可以说比比皆是。以前，爱"玩"信息技术的老师，利用网络平台，建立个人博客、班级博客，借助博客发布学生习作，组织学生进行互动点评，探索出了基于网络平台的作文教学的成功经验。有些数学老师、英语老师利用博客，给学生布置家庭作业，建构起自己的题库、数据库，成为别人学习的榜样。现在，许多青睐信息技术的老师，利用网络平台、APP等，录制微课、翻转课堂、布置作业等，极大地推动了个性化教育教学的落实。许多老师借助一些资源平台，对学生进行大数据分析，不仅能及时进行实时过程指导，对学生进行个别有针对性的帮扶，还能有效梳理本学科的知识体系、重难点等。许多信息技术掌握得特别好的老师，在我们还在使用PPT课件、实物展示台的时候，早已在尝试借助"西沃授课助手"，手握智能手机，潇洒行走在"一机在手，万事不愁"的智慧课堂的探索中。

马云曾说："过去20年是互联网技术的时代，未来30年将会成为互联网的时代。社会的变革、各行各业的变革速度会越来越快……未来30年的变化远远超过大家的想象。"随着人工智能的出现，世界变得越来越智能。

基于互联网、大数据、云计算的教育日新月异。作为教育系统中的年轻一代，一定要与时偕行、与时俱进，敢于成为智慧教育的弄潮儿，掌握信息技术，利用信息技术，思考智慧教育，探索人工智能在教育教学中的运用。只有这样，我们才能实现弯道超越，迈入一条崭新的教育之路，变追赶者为被追赶者。

　　未来已经到来，只是尚未流行。老师，你想弯道超越，实现跨越式发展吗？如果愿意，那就去紧紧拥抱智慧教育、人工智能吧。信息技术、智慧教育不仅仅变革我们的教学手段，更关键的是能转变我们的教学方式与思维方式，能重构出一种崭新的教育理论、教育思想。基于互联网、大数据、云计算的新教育，是过去千百年来教育家不曾遇见，未曾论述过的。如果你能先于别人尝试、探索，或许十年、百年、千年后，教育发展史上，会留下你的阐述、论断。从这样的一个高度来看待今天的信息技术、智慧教育，你是不是心动了呢？

以终为始

和老师们谈论"以终为始"，我多么希望你职业生涯刚起步的时候，就遇见它，并让它成为伴随你一生的好习惯。和老师们谈论"以终为始"，我还有一个愿望，即大家都能在未来遇见一个更加美好的自己。

——题注

第一次听到"以终为始"这个词，是在 2016 年年底的一次美术教研活动中。那天，区美术教师优质课评比在我们学校举行，我这个门外汉也坐在后面听了几节课。几位青年教师赛课结束后，著名特级教师、宁波市教研室美术教研员骆建钧老师做了精彩的点评。讲到我们该如何看待学生在美术课内完成的作业、作品时，他说，我们老师一定要有"以终为始"的意识。也就是，一节课结束时，你想要学生笔下出现什么样的美术作业、作品，上课前要有一个清晰的预想。上课过程中，你的分步指导都要"以终为始"，每一步都要指向预想的结果。只有这样，你的课堂教学目标才不会偏离，你期望的作业、作品才能呈现在你的眼前。

"以终为始"这个观点太好了。它不仅适用于美术课，还适用于语文、数学等其他学科的教学。语文老师指导学生的习作，我们希望两节作文课后，学生向我们展现怎样的一篇习作，我们就应该按照事先的预想，来反观我们指导过程的展开。数学老师指导学生学习1000以内数的认识，40分钟后希望全班学生达成怎样的一个预期效果，我们的课就应该朝着这个预期效果设计。英语老师新授一个英语句式，为了让学生达成"掌握新句式"，就该思考怎样分步推进教学，设计出相应的环节。

说真的，从教近30年，我还是第一次听说"以终为始"这个词。好奇心驱使我想进一步了解这是骆建钧老师的独创，还是另有出处。我迫不及待地去检索，一检索，我才知道"以终为始"这个词出自史蒂芬·柯维的《高效能人士的七个习惯》。史蒂芬·柯维是何许人也？他是人类潜能导师，美国《时代周刊》评出的"25位最有影响力的美国人之一"。而且《高效能人士的七个习惯》一书早在1989年就出版发行了。检索到这一词语出处的那一刹那，我既羞愧又惊喜。羞愧的是，这么好的观点、观念，我竟然在它诞生近30年后，才与它相遇。惊喜的是，虽然相遇有些晚，但毕竟让我接触到了。

史蒂芬·柯维所阐述的"以终为始"大体意思是怎样的呢？史蒂芬·柯维把"以终为始"作为"自我领导"的一项重要原则。他认为，所有事物都经过两次创造，先是在脑海里酝酿，其次才是实质的创造。他认为，个人、家庭、团队和组织在作任何计划时，均应先拟出愿景和目标，并据此塑造未来，全心专注于自己最重视的原则、价值观、关系及目标。用更直白、浅显的话语来说，"以终为始"就是写作文前打腹稿，做事前设定计划，开始工作前预先设定目标。

"以终为始"之所以成为史蒂芬·柯维心目中高效能人士七个习惯之一，就在于它能使我们更高效地管理自己，管理自己的时间。譬如，每天开始一天的工作前，我们可以把今天要做的事情，一件一件按照轻重缓急罗列在纸片上，再将纸片张贴在我们的办公桌或者电脑屏幕上。做完一件，划去一件。如果你能将此作为自己每天工作的一个习惯，一个星期、一个月下来，你会惊讶地发现，自己工作效率明显提高了。看着一件件事情被逐一划去，等到下班的时候，你会觉得人特别轻松惬意。有的时候，如果提前完成既定的工作，你会有一种与时间赛跑，跑赢时间，为自己赢得更多闲暇的愉悦感。其实，这种做法，就是"以终为始"的一种体现。

同样道理，当班主任，新接手一个班级，一年以后希望自己所带的班级变成一个怎样的班级？当老师的，希望三五年后，自己成为一名怎样的老师？希望自己从教 10 年、20 年或者 30 年后，成为怎样的老师？我们都可以按照"以终为始"去规划、构想。

"以终为始"，不仅适用于我们的上课、做事、专业发展、职业规划，更适用于人生规划。和老师们谈论"以终为始"，我希望大家不要像我一样，从教都快 30 年了，才接触到这个早在 1989 年就出现的名词。我多么希望你职业生涯刚起步的时候，就遇见它，并让它成为伴随你一生的好习惯。和老师们谈论"以终为始"，我还有一个愿望，即大家都能在未来遇见一个更加美好的自己。

伸手摘星不会弄脏你的手

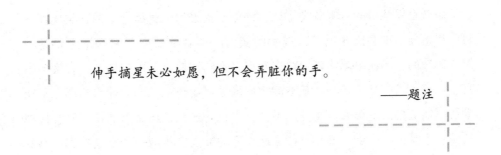

伸手摘星未必如愿，但不会弄脏你的手。

——题注

　　为了促进教师专业发展，教育系统里经常开展各级各类评比、竞赛。诸如优质课比赛、基本功大赛、论文案例评比等等，又如教坛新秀评选、学科骨干评选、名师特级评审等等。面对名目繁多的各类评比、评审，不同的学校会呈现出不同的样态。优质的、教师队伍精气神好的学校，往往会嫌指标太少，需要在选拔的基础上确定参评者。薄弱的、教师队伍追求安逸的学校，往往需要动员、指派、反复做思想工作才会勉强有人去参与。不同的学校会表现出不同的样态。同样道理，面对各类评比、评审，不同的老师会表现出不同的情态。有的老师，机会来了，积极争取，不断挑战，不断跨越，给大家带来的是满满的正能量。而有些老师，机会来了，退避三舍，不敢挑战，不敢跨越，给他人的感觉是求安逸、混日子。

　　分析那些退避三舍的老师的心态，大概有以下几种：第一种是不自信。有些老师面对各级各类评比，内心深处也很纠结，想参加又怕参加，对自己缺乏自信心。第二种是怕失败。有些老师不愿去参加各级各类评比，主要是因为心中顾虑重重，怕失败了没面子，在单位里抬不起头。第三种是怕晾晒。有些老师不愿去参加各级各类评比，担心的是怕被别人称出"几斤几两"，怕暴露自己的不足。第四种是求安逸。因为教师这个职业，既可以让人穷其一生、尽其所能、付出毕生精力都难以探寻教育的全部真谛，也可以让人浑浑噩噩、慵懒无为、应付了之、安安稳稳地混日子。有一部分人之所以选择当老师，是因为这份工作安稳、安逸、好混日子。

对于第四种老师，我到目前还没有想到焕发其内生力的办法，因为我们永远都无法叫醒一个装睡的人。而对于不自信、怕失败、怕暴露自己不足的老师，我想说："伸手摘星未必如愿，但不会弄脏你的手。"

由教育系统里的各级各类评比、评审，我想到了奥运会上的各类比赛项目。奥运会上许多比赛项目，选手的实力在比赛前，相互间基本上都是了解、熟知的，不像足球比赛，存在着很多不确定性。可以这样说，有许多项目，比赛还没进行，我们就基本能知道谁是冠亚季军。那为什么有那么多运动员明知道自己不会取得奖牌，不会有出色的成绩，还去参加比赛呢？挑战自我、享受过程、重在参与或许是这些运动员去参赛的一个重要原因。有的时候，能否获奖并不重要，重要的是能否参与。这就像中央电视台深受百姓喜爱的《星光大道》这档节目，许多选手第一关就被淘汰了，但在我们心目中，能站到那个舞台上，就是胜利，就是成功。同样道理，面对各级各类评比、竞赛，老师，你完全不必不自信、怕失败，伸手摘星不会弄脏你的手。有的时候，你能和博尔特站在100米、200米的同一条起跑线上，你就是成功者。有的时候，也许你是5000米、10000米长跑比赛的最后一位选手，但你要相信，你不到终点，总有观众为你加油，你不到终点，电视直播、转播不会结束。

怕暴露自己的不足而不愿、不敢去参加各级各类评比、评审就更不可取了。生活里，我们常说下棋、打球要找比自己水平高的人对弈。与高手过招，我们才能发现自己和高手的差距。只有发现差距与不足，我们才能知道自己努力的方向与目标。当老师，从事教育教学工作，好比练书法，一个人闭门闷头苦练三年，说不定还抵不过大师、书法家手把手当面指导个把钟头。教育系统组织各级各类评比、评审，往往会邀请许多名特优教师担任评委。你参加评比、评审时，就好比在大师、书法家面前当场写字，名特优教师都看着哩。如果你能抓住难得的机会，让评委点拨一下，或者评比、评审结束后，虚心向评委讨教，这种点拨、指导，是你专业成长不可多得的良机。俗话说，当局者迷，旁观者清，天底下最难的事是认识自我。我们自身的不足，自己往往最不容易觉察。在评比、评审过程中，评委却能以旁观者的视角发现我们的不足。这是多么好的一个机会啊。我们常说："过程比结果更重要。"这大概就是其中一层意思。另外，积极参与评比、评审，在过程中历练自己，这是我们专业成长、个人发展的重要途径。以评促学，以赛促发展，也是许多评比、评审活动的目的之一。体育竞技类比赛中，许多项目年头赛到年尾，一站接一站，让选手永远在赛场上，既是比赛，也是历练。当老师的，参加各类评比、评审，也要有这样的一种认识与情态。暴露不足不丢脸。《学记》有曰："是故学然后知不足，教然后知困。知不足，然后能自反也；知困，然后能自强也。"

星星挂在天上，很高。伸手摘星，势必要我们不断腾空跃起。腾空跃起，还得伸出手，自然会比闲庭信步者劳累许多。千万不要在乎这点劳累，因为你高高跃起的身影，是月光下最美的风景。星星挂在天上，很遥远。伸手摘星时，说不定身边还会有说风凉话的。千万不要被这些冷嘲热讽勾住你跃起的脚，挡住你向上伸展的手臂，因为伸手摘星未必如愿，但不会弄脏你的手。

你在为谁工作?

积极的人像太阳，走到哪里哪里亮；消极的人像月亮，初一十五不一样。马云曾经讲过这样一段话：如果你要靠别人的鼓励才能发光，你最多算个灯泡。我们必须成为发动机，去影响他人发光。

——题注

当校长多年，我发现一个单位里存在着许多类型的老师。有的老师工作是为了得到肯定、奖赏；有的老师工作是为了让自己成为教师队伍中的翘楚；有的老师工作是为了追求职业的高峰体验，享受教书育人的愉悦。在相当一部分老师的观念里，自己是在为校长、为学校工作。因为存在着这样的认识误区，而且有这样误区的老师还不少，所以我想就"你在为谁工作"这个问题，和老师们作一次探讨与交流。

学校里，总有那么一种老师，你必须时不时夸夸他。他每做一件事，每辛苦完成一项工作，你必须及时送去夸赞与鼓励。他一年辛苦下来，你必须在评先评优时给予他一些荣誉、奖励。要不然，你立马就能接收到他情绪低落、萎靡不振的信息。这种老师，我戏称为"月亮型"教师，初一十五不一样。有表扬、肯定与奖励时，他就像十五的月亮那样皎洁明亮、圆满如轮。

没有了表扬、肯定与奖励时，他就像初一的月亮。

学校里，还有那么一种老师，在他的意识里，自己是在为校长、为学校工作。这类老师，你要盯着他，催着他，鞭策着他，他才肯工作。管理上稍有放松，他马上就松懈散漫了。这种老师，我戏称为"灯泡型"教师，他自身不带电能，要使其发光，唯一的办法就是源源不断给他提供电流。倘若哪天停电了，他也就马上不亮了。

让人感到欣喜的是，有这么一种老师，他不需要任何鞭策，校长在与不在，都一个样。他有自己的行为准则，他知道该怎么做好每天的常规工作，他知道该怎么遵守规则行事，他知道该如何静心教书、潜心育人。他不以物喜，不以己悲，每天的状态非常恒定。这种老师，我称为"太阳型"教师。他自带能量、能源，走到哪里哪里亮。

我的分类与概括不一定准确，也一定没有把各种类型的教师全部涵盖其中。为什么我要把老师分成这么三种类型呢？主要还是想和老师们探讨"你在为谁工作"这个话题。你做了工作，为学校作出贡献，让学生获得成长与发展，固然可喜可贺，但一所学校几十号人，甚至几百号人，校长哪能事无巨细，对每位老师的点点滴滴都明察秋毫呀。因此，没有被表扬到，没有得到肯定，大可不必像月亮那样阴晴圆缺。另外，评先评优，毕竟指标有限。因此，我想对"月亮型"教师说，工作不仅仅是为了"红萝卜"。

与"月亮型"教师相比，更要不得的是"灯泡型"教师。这类教师犹如逆水前行的木舟，自身不带任何动力源，需要别人时时撑、不停划才能前行。一旦不撑、不划，他就会停滞、倒退，给人的感觉是"做一天和尚撞一天钟"混日子。这类教师十几年、几十年固守着自己那塘死水，殊不知，因为时间久远，塘水早已经发臭，几近干涸。这类教师总以为自己在为校长、为学校工作，殊不知，他早已成为家长、学生、同事唯恐避之不及的人，学校管理者的心病。

与"灯泡型""月亮型"教师相比，最值得称道的是"太阳型"教师。"太阳型"教师自带能量源，他非常清楚自己在为谁工作。从自身的角度出发，我们都是在为自己工作。不论是从养家糊口赚取工资的角度，还是从实现自身的人生价值的角度出发，我们都是在为自己工作。从社会学角度出发，我们是在为国家、民族工作。家庭的期盼，孩子的希望，民族的未来与我们的工作息息相关。有人也许会说，这些认识，难道"灯泡型"教师不知道吗？知道与践行有着本质区别。"太阳型"的教师不仅知道，还能将这些认知转化成自己的责任感、使命感，始终怀着一颗担当的心。这种责任感、使命感与担当精神，就是"太阳型"教师自身携带的能量源。

由"你在为谁工作"这个话题，我想到《三个砌墙工人》这样一个小故事。故事大意是：在一个建筑工地，有位社会学专家对正在砌墙的三个工人进行了随机调查。专家问第一个砌墙工人："你在干什么？"第一个砌墙工人没好气地说："没看见吗？我不是在砌墙吗？"专家又问第二个砌墙工人："你在干什么？"第二个砌墙工人抬起头，笑了笑说："我在盖一幢高楼。"专家再问第三个砌墙工人："你在干什么？"第三个砌墙工人一边砌墙一边哼着歌曲，笑容灿烂地回答："我在建设一座城市。"在同一条起跑线上，态度决定一切。你手头的小工作其实正是大事业的开始，能否意识到这一点意味着你能否做成一项大事业。如果都像第一个人，愁眉苦脸地面对自己的工作，我想再好的工作也不会有什么成效；而同样平凡的工作，一样的看似简单重复、枯燥乏味，有人却能以快乐的心情面对，在平凡中感知不平凡，在简单中构筑自己的梦想。第三个砌墙工人就是典型的"太阳型"。

积极的人像太阳，走到哪里哪里亮；消极的人像月亮，初一十五不一样。马云曾经讲过这样一段话：如果你要靠别人的鼓励才能发光，你最多算个灯泡。我们必须成为发动机，去影响他人发光。想明白"我在为谁工作"，其实就是为了改善我们的"心智模式"，只有把自己平凡、普通、琐碎的工作与强大的责任感、使命感和担当精神紧密联系起来，我们才能让自己成为一台发动机，我们才能让自己像太阳那样，永远拥有生生不息的能量源。

6

PART 2

素养二　学习力

　　学习力有三个要素：学习动力、学习毅力和学习能力。世界日新月异与教师职业的性质决定了我们必须时刻不停地学习。这是一个知识大爆炸的瞬息万变的信息时代，要求我们必须不断提升自身的学习能力。当下，物欲横流的社会人心浮躁、急功近利，还需要我们有一种坚定的学习毅力。学习犹如源源不断的能量源，它能助推着我们不断成长。

向火红花和尖毛草学习

　　沉潜是绚烂的孕育，是拔节的蓄势，是腾飞前的下挫。作为一名教师，只有沉潜自己，苦练基本功，才能提升为师之素养；只有沉潜自己，博览群书，才能积攒为师之底气；只有沉潜自己，醉心教学，才能修炼为师之本领。

——题注

　　在巴西，火红花被誉为"花中之冠"。当地老百姓都知道，一亩地只需种植一棵即可。火红花的生长过程非常怪异。在最初的八个月里，它始终只有拇指般大小，而且看不出有什么生长的迹象。然后，到了金秋十月，火红花就像着了魔似的，它的枝叶花冠一天可以扩展 3 米，只需几天时间，就能覆盖一亩地的面积，并绽放出绚丽夺目的大红花。火红花的怪异生长过程，引起了植物学家的注意。为解开它生长的谜团，植物学家刨开它的根部发现，前面八个月，火红花并不是没有生长，其实它一直在生长。只是它不是在长枝叶，而是在长根部。在秋季爆发之前，它的根茎已经长得像一棵大树，足有 30 厘米粗。正因为蓄积了足够的营养和能量，火红花才能一鸣惊人，在短短几天的时间里，迅速铺满一亩地。

　　无独有偶，在非洲有一种尖毛草，被誉为"草地之王"。这种草也是这样，在雨季来临前，它是所有草里最矮小的，六七个月不见生长。但一旦雨季来临，它每天能以 50 厘米的速度疯长，几天的时间就能长到近两米高。挖开它的根部发现，尖毛草在长达六个月的时间里，根部已经向下悄无声息地长了近 30 米。

我国四川的毛竹，被称为"会魔法的竹子"。之所以如此称谓，是因为毛竹的外形在前五年几乎看不出生长的变化，但到了第六年的雨季，它就像被施了魔法一样，每天生长五六十厘米，一直能疯长到 30 米，一跃成为竹林里的身高冠军。据说，这种竹林，一公顷地竹子根系总长度可达 2.7 万千米。

这三种植物，无一例外，在爆发之前，都有一个显著特征：耐住寂寞，先长根部，蓄积力量，等待时机。它们的这种怪异生长现象，让我想到了一个做人、做事、做学问的哲理——学会沉潜。

沉潜，字面意思是在水里潜伏，引申为集中精力、潜心。干事业、搞学问、做研究，都需要沉潜。小沉潜成就小成功，大沉潜成就大成功。曹雪芹写《红楼梦》用了 10 年，达尔文写《物种起源》用了 22 年，李时珍撰写《本草纲目》用了 27 年，徐霞客写《徐霞客游记》用了 34 年，马克思写《资本论》用了 40 年。当今世界，心浮气躁、急功近利盛行，尤其需要心无旁骛、专心致志的沉潜精神。当老师亦是如此。

沉潜自己，需要我们耐得住寂寞。当老师、做教育是一门永无止境的学问。只有真正懂教育的人才能体会到，干教育事业，往往越干越能感受到自己的不足与欠缺。因为教师从事的是一项距离人的心灵最近的工作。而学生又是千差万别的，是一个个鲜活的个体。指望靠掌握一种教育教学方法、技巧去教育千百个学生是不现实的，幻想着一劳永逸是不可能的。正因为这样，需要我们静下心来，修炼自己的教育教学本领，有"板凳要坐十年冷"的思想准备。当前，在这个快餐型的社会里，对复杂问题用简单办法解决，往往更容易被人们接受。这是我们要提防的。教育界有太多急功近利、想一夜成名的人。他们教上两三年书，就想出一些"聪明"的口号，建立自己的网站、博客、微信公众号，开展巡回讲座，期望如歌星那样"一唱成名"。其实，真正的卓越是需要沉潜，需要付出巨大努力甚至作出巨大牺牲的。沉潜自己，需要我们耐得住寂寞，甚至受得住艰辛与痛苦，毕竟教育无捷径！

沉潜自己，需要我们蓄积力量。怎么蓄积力量呢？唯有不断地学习。暂且不说如何向他人学习，咱们就以书本学习为例。当今世界，人类知识的增长速度已经超越了我们个人的学习速度。我们再也不能指望凭自己求学时代所获得的知识享用一辈子了。信息时代、知识大爆炸的当下，信息的吞吐量、知识的更新速度直接决定着我们生命之树根部的粗细、深浅，直接决定着我们职业水准的高度。我们必须树立终身学习的观念，抓住一切机遇与时间，持续深入地学习。唯有这样，我们才能蓄积力量，让事业之树扶摇直上，让教育之果硕大甜美。

沉潜自己，需要我们勇于坚守。如果火红花、尖毛草在长根的过程中，耐不住干旱死去，如果四川的毛竹在前面五年的积蓄中放弃生长，那么它们都不可能迎来生命的绚烂。这就好比马拉松比赛，哪怕在途中领先，一路风光，但坚持不到终点，就是失败。行百步而半九十。沉潜自己，要有"板凳要坐十年冷"的思想准备，但不能有"从此不问人间事"的消极情态。沉潜自己，在坚守中默默生长，相信"积跬步能至千里，积小流能成江河"。

沉潜是绚烂的孕育，是拔节的蓄势，是腾飞前的下挫。作为一名教师，只有沉潜自己，苦练基本功，才能提升为师之素养；只有沉潜自己，博览群书，才能积攒为师之底气；只有沉潜自己，醉心教学，才能修炼为师之本领。也唯有真正沉潜下去，专心致志、聚精会神地积聚力量，心无旁骛地提升能力，才会为今后的发展打好基础。沉潜的过程，是毅力培养的过程，是静心修炼、积攒底气的过程，只有在沉潜中学会耐心等待，在锤炼毅力中增知强能，修身养性，不断地磨炼意志、积攒力量，才能使自己无懈可击，才能遇事淡定、从容应对，成就精彩人生。

心里没有眼里就看不到

你心里没有的东西，眼里自然看不到，眼里看不到的东西，自然不会把它教给学生。

——题注

看报纸，我们会忽略自己不感兴趣、不关心的东西；开车听广播，我们会过滤掉自己不感兴趣、不关心的东西。相信每个人都有这种视而不见、听而不闻的经历和感受。我们心里没有的东西，眼睛里是看不到的。同样道理，我们眼睛里看不到的东西，也是不可能把它教给学生的。

网上流传着一个"印度乘法口诀"。和我们中国的乘法口诀不同，这个乘法表延伸到了19，即所谓的"19×19"乘法表。对于这种"十几乘十几"的算法，印度有个很巧妙的口诀：先把被乘数与乘数的个位数相加，然后将它们乘以10，再把被乘数的个位数与乘数的个位数相乘，最后把两组数加起来便得出答案。例如19×19，第一步是19 + 9 = 28，第二步是28×10 = 280，第三步是9 ×9 = 81，第四步是280+81 = 361。

看到这个信息后，我去询问数学老师，我们教不教这个内容。有的数学老师说："教材上没有这个内容，为什么要教呀？"有的数学老师回复我："我也是看了网上内容后，才知道这个规律的，以前真没留意过。这个窍门挺好的，我要给孩子们上一节课，让他们掌握这一诀窍。"

这使我又想到这么一个例子。有一次，听一位语文老师上人教版五年级下册《祖父的园子》一课。文中有这么一段话：

花开了，就像睡醒了似的。鸟飞了，就像在天上逛似的。虫子叫了，就像虫子在说话似的。一切都活了，要做什么，就做什么。要怎么样，就怎么样，都是自由的。倭瓜愿意爬上架就爬上架，愿意爬上房就爬上房。黄瓜愿意开一朵花，就开一朵花，愿意结一个瓜，就结一个瓜。若都不愿意，就是一个瓜也不结，一朵花也不开，也没有人问它。玉米愿意长多高就长多高，它若愿意长上天去，也没有人管。

老师领着学生反复品读，并引导学生发现探讨这段话哪里写得好，好在哪儿。师生绕来绕去，除了拟人、排比，再也没有讨论出一个所以然来。课后，一位教研员问执教老师，除了拟人、排比外，你觉得这段话还用了什么修辞手法？执教老师说："不知道，难道还有别的修辞手法？"原来，她压根儿不知道这段话还使用了"通感"。你想，老师都不知道什么是通感，他怎么可能把自己不知道的东西教给学生呢？

举这两个例子，我想说的是：小学语文老师要经常复习语文知识点，多看看《古代汉语》《现代汉语》，多浏览一些文学欣赏、品析，不要因为教小学，教着教着，把自己的语文素养也教成小学生水平了。英语老师要经常看英文原著、大学英语教材等，不要教着教着，自己的英语水平退化到只剩初高中学生水平，原先的大学六级八级只是传说了。数学老师要多浏览初中、高中的数学教材，多做一做奥数级别的题目，不要教着教着，解题水平也就小学六年级优秀学生的水准了。

心里有了，眼里就能看到；眼里能看到，你备课时就会关注到。为什么语文教学研究非常强调教师的文本解读能力？因为对广大语文教师来说，回归语文，练好内功，尽可能正确、到位地理解和把握文本，这是一道"铁门槛"，这是衡量语文教师教学水平的第一项指标。歌德曾说："内容人人看得见，涵义只有有心人得之，而形式对于大多数人是个秘密。"为什么"形式对于大多数人是个秘密"？因为要发现这个秘密，必须有深厚的文学功底、涵养作支撑。

谈论这个话题，说到底还是那句老话：要给学生一杯水，教师要有一桶水，要做长流水。我用属于自己的言语表达方式，说自己的从教经验与体会，目的只有一个，希望我的新鲜表述，让你已经听出老茧的耳朵，有异样的感受。

要让心里东西多一点，我们必须持续不断地学习。"问渠那得清如许？为有源头活水来。"我多么希望每位老师都把自己变成一个知识的海洋，然后舀出最适合学生的一瓢。那样的课堂该有多惬意呀！

休整，等等落在后面的灵魂

休整，让我们有机会停下脚步，等等落下的灵魂！休整，是极好的宁静内心的一种修行、修炼。平常我们只顾埋头走路，无暇停下来"仰望星空"。而休整，可以让我们放下繁杂，静能生慧，慧能生智。

——题注

当老师的，只要一上班，每天就像打仗。早上晨曦微露，心急火燎地出门；傍晚，披星戴月，疲惫不堪地回家。白天，有时忙得连喝口水的工夫都没有。没有当过老师的听了多少有些不信，当过老师的，看了一定感同身受。好在有个寒暑假，能稍微歇一会儿，调整调整。我把这种休养生息比作休整。休整是休息整顿。这个词儿多用于军队。因为老师平时上班就像部队行军打仗，寒暑假不就像休整吗？

部队休整时，战士们需要好好休息休息，补充补充体力。连队里还会策划个篝火晚会、文化娱乐活动，让大伙儿放松放松。除此之外，大家还得整修整修武器装备，把弹药备充足，以等待下一场战斗。休整期间，大家还要分析刚刚结束的战斗的成败得失，还要谋划下一场战役的行动计划。

对于老师来说，寒暑假不就是一种休整吗？欠下的觉，好好补一补，睡它个自然醒。平时孝敬父母、照顾家庭、关爱孩子不够，趁着寒暑假，好好表现表现，尽尽孝心，显显贤惠，补补对孩子欠缺的陪伴。和家人、好朋友来一场说走就走的旅行。除此之外，我们还得对过去一个学期的工作盘点盘点。

每次到了寒暑假，我都会一边休息，一边反思梳理前面一个学期的工作。把自己平时写的日记翻出来浏览一遍，把那些平时积攒的"零星思想火花"审视一遍，看看哪些适合写写论文，哪些适合写写案例。每年寒暑假，是我论文、案例的高产时期，近十几年以来，我每年都会有十篇以上的文章在各级各类报刊发表。这些文章中，有相当一部分来自寒暑假休整时期。我还会翻一翻过去一个学期的教案、课后反思、课件等，把这些最原始的资料进行一番整理归档。这样，等到我第二轮教到它们的时候，我备起课来就更加得心应手了。

寒暑假休整期间，给自己"充充电"也是我的必修项目。我会利用这个难得的休整时间，集中浏览各种教育类期刊、报纸。每次集中浏览《中国教育报》《中国教育学刊》等报刊，都会给我许多灵感与启发。我时常在广泛的浏览中产生顿悟。好多原先困顿的问题，有时在这种浏览过程中，会突然被"打通"。那种美妙的感觉，只有亲身体验过的人才能知道。我会利用这个难得的休整时间，啃一两部艰涩的教学论著。平时，忙于教学、备课、批改，等到空下来的时候，常常已经夜里十点、十一点了，由于身体疲乏，想看书，眼皮早已直打架了。别说是艰涩的论著，就是教学类期刊，也没有翻看的动力。寒暑假休整时间，因为有整块整块的时间，啃一两部看起来不太好懂的教学论著，对自己是大有裨益的。这种边充电边休整的寒暑假生活，会让自己充满激情，充满力量去迎接新学期的到来。在平常的工作、生活中，我接触到许多老师。我发现，有相当一部分老师，寒暑假里就像龟兔赛跑中的"兔子"，真就彻底地、完全地休息了。放假对于他们来说，除了多长几斤肉之外，没有任何变化。而有些老师则不同，经过一个寒暑假的休整，再次见面，你会有"士别三日当刮目相看"的感觉。

寒暑假休整期间，我还会做的一件常规工作是——备好一两个单元的新课。我发现这件事会给我赢得一个学期的从容与淡定。因为提前备好一两个单元的新课，有一定的提前量，在新学期里，我就不会每天焦虑第二天的教案问题。寒暑假里辛苦一个星期，会让自己摆脱"被催促""拼命追赶"的焦躁。这种辛苦一个星期，换来一个学期良好心境的买卖是相当划算的。

寒暑假的休整，让忙于赶路的我们，有了抬头看路的时间。我们每个人除了忙碌的躯体之外，还有一个高尚的灵魂。平常跌跌撞撞，只顾着埋头赶路，我们的身体走得太快，以至于把灵魂落在了后面。寒暑假的休整，让我们有机会停下脚步，等等落下的灵魂！寒暑假的休整，是极好的宁静内心的一种行为、修炼。平常日子里，"忙、盲、茫"几乎是我们的共同生命状态。每天忙忙碌碌，时间被杂事消磨得成为碎片。每天，我们只顾埋头走路，无暇停下来"仰望星空"。而休整，可以让我们放下繁杂，静能生慧，慧能生智。多年的实践体会，我真切感受到闲暇生智慧，闲暇出思想。

寒假真好！暑假真好！有寒暑假的日子，真好！

为了遇见一个更好的自己

未来不是我们要去的地方，未来是我们创造的地方。遇见更好的自己，就是遇见更美好的未来。

——题注

杨绛先生走了，她的话语——"读书是为了遇见一个更好的自己"，成了时常萦绕我耳畔的余音。生活中，我特别仰视那些手捧书本的人。火车上、地铁里、站台边，偶然间，如果能看到这样的人，我都会投去敬佩的目光。平日里，我也会有意找寻这样的风景。那天，早晨六点半，我到校门口时，校门还没开，看到几个早到的孩子坐在通道两侧的椅子上，静静地在看书。整洁的衣着，鲜亮的红领巾，专注的神情，在葱郁的绿树映衬下，真美！某一日，路过陈佳美老师的办公室，看到忙忙碌碌的她，在些许空闲中，见缝插针，正捧着汪潮教授著述的厚厚的《语文学理》在细读。我特别有感触，在这个灵魂日益萎缩和空虚的浮躁社会，多数人只剩下一个忙碌不止的躯体，能有这样一份定力，真好！今天，在这个读屏时代，到处都是手机控、低头族。"读书是为了遇见一个更好的自己"，显得特别有深意。

为了遇见一个更好的自己，除了读书，还可以通过什么方式呢？那天，看到《中国教育报》上整版刊登着陆青春老师的《与亚里士多德的超时空对话》时，我突然有了答案。写作也可以遇见一个更好的自己。

读书与写作不仅能在未来遇见一个更好的自己，也能让别人遇见一个与众不同的你。工作中，我曾遇到这样两位老师。一位才华横溢，课上得灵动洒脱，深受大家喜爱。我们曾预言，他一定会成为未来的教育名家。而另一位敦厚朴实，既缺乏灵气，又少有才气，教学能力平平，差点儿被学校辞退。就是这样两位老师，十多年后，却走出截然不同的教育之路。那位当初才华横溢的老师，在后来的时光里，再也没有能让人听了怦然心动的课。每次赛课，我们坐在下面听课，常感叹记忆中的他到哪里去了。而另一位差点儿被辞退的老师，犹如凤凰涅槃般地脱胎换骨。每次听他上课，你都会充满期待。回溯他们的发展之路，你会发现，他们走了两条截然不同的教育之路。那位先前才华横溢的老师，凭着自己的小聪明，十多年来一次又一次重复着昨天的故事，把一年的教案重复用了十年。而那位差点儿被辞退的老师，一边教书一边读书，一边教书一边反思，用读书与写作充盈自己，丰满自己，实现凤凰涅槃。他让自己每天遇见不一样的自己，也让别人遇见了美丽与惊诧。

杨绛先生说："我双手烤着生命之火取暖，火萎了，我也准备走了。"是的，每个人的有形生命都将走向消亡。随着时间的流逝，我们终将老去。然而，读书与写作是我们对生命隐退的一种抗拒。读书与写作，可以让我们把生命藏匿在字里行间，干涸的生命如同有了甘露的滋润；读书与写作，可以让我们把生命活在文字世界里，思想的荒漠里便有了绿洲，有了迂回的明如玻璃的小河。当我们的一部分生命消逝在字里行间的波浪线里，消逝在随性写就的只言片语中时，你的面庞也就开始慢慢变得从容、宁静、安详与美丽了。

惠特曼说："有一个孩子朝前走去，他看见最初的东西，他就变成那东西，那东西就变成了他的一部分。"在惠特曼面前，我们都是孩子。为了在未来遇见一个更好的自己，让我们多读书多写作吧，如果让它们成为我们的生活方式，它们会成为我们的一部分，我们会变成像书、像文字那样美好的东西。

未来不是我们要去的地方，未来是我们创造的地方。遇见更好的自己，就是遇见更美好的未来。

阅读方式助推专业发展

如果你把阅读作为一种休闲，一种繁忙工作之余的闲适，采用"女人逛街模式"阅读，这里停停看看，那里走走翻翻，倒也不失为一种很好的选择。如果你是带着问题、有研究目的而阅读，那么"男人上街购物模式"是一种极好的阅读方式。这种主题式、专题式的阅读方式，目标明确，有阅读效度，会比率性、随意的阅读更有利于教师的专业发展。

——题注

夏天到了，我想去商场买双皮凉鞋。一个周末，我和爱人同时出门去商场。我目标明确，买皮凉鞋。爱人说，她没有想好要买什么，去逛逛再说。到了繁华的商业街，我们就分道扬镳了。我直奔商场鞋柜专卖处，试了几个款式后，选定一双，付款拿鞋回家。前后只用了一个小时。爱人则不同，她到商场后，这里逛逛，那里看看，试了 N 件夏装，穿了 N 双夏凉鞋，大半天过去了，竟然什么也没买，最后空着手回来了。我和爱人上街购物的方式，是典型的男人模式和女人模式。生活中，想必这样的模式具有普遍性。两种模式，孰好孰坏，难分伯仲。

由商场购物的两种模式，我联想到了教师的阅读方式、阅读习惯。今天借此和老师们作一次探讨。

书海茫茫如街市，琳琅满目，常常令我们眼花缭乱。知识大爆炸的信息时代，一个月出版的新书，我们穷尽一生精力都读不完。作为一名教育工作者，我们该怎样进行阅读呢？

如果你把阅读作为一种休闲，一种繁忙工作之余的闲适，采用"女人逛街模式"阅读，倒也不失为一种很好的选择。这里停停看看，那里走走翻翻，眼睛看累了，脚走酸了，还可以选个地方坐坐，找个地方喝杯咖啡、冷饮什么的。看书如逛街，你可以一会儿看看教育类书籍，一会儿翻翻休闲杂志，一会儿读读小说、散文。

如果你是带着问题、有研究目的而阅读，那么"男人上街购物模式"是一种极好的阅读方式。这段时间，想研究"有效教学"问题，我们就可以找寻有关"有效教学"的所有论著，通过比较选定几本进行集中阅读，再去找一些教育教学报刊，专门阅读"有效教学"方面的论文、案例。这种主题式、专题式的阅读方式，目标明确，有阅读效度，会比率性、随意的阅读更有利于教师的专业发展。

有老师也许会问，如何来确定阅读的主题、专题呢？可以根据课堂教学来确定主题、专题。譬如如何导入新课？如何组织师生互动？如何设计板书？如何设计课堂练习？……也可以根据所任教学科的不同内容来确定主题、专题。譬如小学数学图形问题、统计问题、概率问题、数学广角等等，小学语文识字与写字、阅读、习作、口语交际、语文综合实践等等。还可以根据教师专业发展的不同需求与阶段来确定主题、专题。譬如职业初始阶段如何驾驭课堂、如何独立备课，职业成长阶段如何形成教学自己的特色、风格，职业成熟阶段如何提炼自己的教学主张、如何克服"高原现象"等等。

主题、专题阅读，时间可长可短。有些主题、专题，或许需要我们阅读几年，甚至几十年、一辈子；有些主题、专题，或许花费几天、几周、几个月即可。我在阅读教育类报刊时，有个习惯：围绕一个主题、专题，我会快速浏览全部刊物的目录，找到与主题、专题相关的文章，在题目上打个钩，然后把相关文章复印一份，装订在一起进行集中阅读。这种阅读方式，能让我们用最短的时间进行比较深入细致的研究与思考。回顾自己的专业发展之路，如果说有些许成就的话，我觉得很大程度得益于我长期采用的这种主题、专题式阅读方式。我曾开玩笑说过这样一句话："什么是专家？围绕某个问题读三至五本相关书籍，再阅读三十至五十个案例，你就是这方面的专家。"这话虽然不够严谨、缜密，但我觉得还是蛮有道理的。

美国著名学者莫提默·J·艾德勒和查尔斯·范多伦曾写过《如何阅读一本书》，深受读者的喜爱，极为畅销。在书海如繁华街市的今天，我们太需要这种关于阅读策略的书籍了。同样道理，今天我和老师们谈论这两种不同的阅读方式、习惯，我是想向大家传授一些自己的阅读经验。就教师专业发展以及问题研究而言，主题式、专题式阅读，就像你身上带着一块巨大的吸铁石，因为你身上有强大的磁场，因此，相关的书籍、文章就会像铁屑一样，被你吸附过来。这种阅读方式，有利于我们对问题进行对比研究、深入研究。同时，这种良好的阅读方式，也会潜移默化地影响你的思维方式。

比知识更重要的是方法。就我个人而言，我还是比较喜欢主题式、专题式阅读方式。

书籍，思想生长的土壤

> 读书和写作是我对生命隐退的一种抗拒。新的一天，怎样才能让自己成为一个新的我？唯有读书。因为书籍是滋养生命的甘露，因为书籍是生长思想的土壤。
>
> ——题注

马年春晚，王铮亮的一曲《时间都去哪儿了》直抵人心。是啊，时间都去哪儿了？听着舒缓、深情的歌曲，我的目光停在了书房两侧顶天立地的书架上。摩挲着一本本被我画满各种读书记号，写满批注文字的图书，我知道，我的时间消逝在字里行间的波浪线里，我的时间流淌在随性写就的只言片语中。读书与写作是我对生命隐退的一种抗拒。我的一部分生命，已经显现成它们的模样，静静地活在一页页纸张间、一本本好书里。

我把生命藏匿在字里行间，干渴的生命如同有了甘露的滋润；我把生命活在文字世界里，思想的荒漠里有了绿洲，有了迂回的明如玻璃的小河。我是老师，我每天都要面对孩子，我必须让孩子看到今天的我不是昨天的我；我是校长，我每天都要面对老师，我必须让老师们感受到今天的我不是昨天的我。新的一天，怎样才能让自己成为一个新的我？唯有读书。因为书籍是滋养生命的甘露，因为书籍是生长思想的土壤。

角色往往会成为我们阅读的一个取向。因为是校长，所以这几年在我的阅读视野里，有了许多学校管理类的图书。北京十一中李希贵校长的系列图书，便是我阅读的一部分。从《学生第二》到《学生第一》，再到如今捧在手里的《新学校十讲》，李校长的书给了我许多滋养。

2009年，我有机会参与一所新学校的设计、建设，有了一次可以把自己的思想延展、物化成校园文化的机缘。因为受了李希贵校长的启发，我倾尽20年的教育思考，建就了一所连空气里都弥漫着文化与智慧的新校园。学校建好，校门敞开，孩子们如同快乐天使般冲向这个魔术匣子。弥漫在空气里的书香，回荡在书香里的欢声笑语，勾住了家长们的脚步，漾开了老师们的笑容，吸引着成百上千的同仁慕名前来参观学习。寓意深刻的学校 logo，憨态可掬的校园雕塑，充满魔力的微型科技馆，处处都荡漾着幸福。一切有形都来自思想。思想在哪里？思想在书里，从《学生第二》到《学生第一》，透过"以生为本"，我悟出了如何"守护童年，呵护童心"。你眼睛所见有形，皆因我心中所生有爱。

李校长的《新学校十讲》，我反复读过多遍。读着读着，我想到了水面上漂移着的冰山。如果说"优秀"是露在水面上的冰山，那么"卓越"就是水面下的冰山。如何让自己管理的学校从优秀走向卓越呢？从书里我学会了"诊断"。我学会了如何静下心来聆听掌声下的议论声，如何观察鲜花下的问题。从书里我学会了"测量"。我学会了如何不凭主观判断去下结论，如何不凭表面现象去看待问题。从书里我学会了"发现"。什么是好学校，什么是理想的学校？如果一所学校，不能让朝夕生活在其中的学生和老师感受到幸福、快乐，无论外界的评价多么高，它都算不上是理想的好学校。只有学生快乐、教师幸福、社会满意的学校才称得上是理想的学校。理想的好学校就像水面下的冰山，隐匿于水下，却卓尔不凡。它比露在水面上的"优秀"大十倍，甚至百倍。许多人曾多次走进我们学校，每一次来，都会有新的惊奇。他们都很好奇，问我究竟是何原因，我笑而不答。我想原因或许就在于我能从《新学校十讲》想到冰山，能从书籍的土壤中生长出思想。鲁迅先生说一部《红楼梦》，经学家看见易，道学家看见淫，才子看见缠绵，革命家看见排满，流言家看见宫闱秘事……同样读一本书，为什么会有如此多的感受呢？角色不同，由此及彼的联想自然也不一样。

大音希声，大象无形。面对一本好书，有没有悟性，会不会联想，至关重要。这里的悟与想，就是所谓的"生长"。书籍是肥沃的土壤，种瓜得瓜，种豆得豆。面对同一本书，每个人长出的思想一定会各不相同。即使是同一个人，不同时期读同一本书，也会有不同的思想。

读书是我生命的一种状态，一种习惯。在阅读中，我的生命在流淌，但我的思想却在丰满。

半部《论语》治天下，熟稔三句可为师

> "教学相长""因材施教""不愤不启，不悱不发"，《论语》中，仅此三句就足够我们这些做老师的实践一生，享用一生；仅此三句，如果我们能认真落实，好好演绎，我们的学生都将卓尔不凡；仅此三句，如果我们能堂堂落实，每科做到，人人践行，学校必将焕发蓬勃生机，教师必然成就非凡。
>
> ——题注

《论语》在古今中外的发展史上有着举足轻重的地位与作用。宋代曾有"半部《论语》治天下"的评说。1988 年，在第一届诺贝尔奖获得者国际大会新闻发布会上，诺贝尔奖获得者汉内斯·阿尔文表示"人类要生存下去，就必须回到 25 个世纪前，去汲取孔子的智慧"。2008 年，为迎接北京第 29 届奥运会，国内外著名儒学专家从《论语》中选出五句最能体现孔子思想精华的经典名句，推荐给北京奥组委，作为北京奥运会的迎宾语，以表达一个文明古国、礼仪之邦对四海宾朋的热情欢迎。从 2004 年 11 月 21 日，全球第一所"孔子学院"在韩国首尔挂牌，截至 2016 年年底，共有 140 个国家设立了 513 所孔子学院和 1073 个孔子课堂。孔子思想、儒家文化穿越千年时空，至今仍然熠熠生辉。《论语》所涉猎的内容可谓包罗万象。为政治国、治学修身、孝亲敬长、克己仁爱、教学相长等等，在《论语》中都能找到精辟论述。

面对《论语》，仁者见仁，智者见智，每一位与它相遇的人都会以自己的方式对它进行解读，每一个生命个体面对它时，理解、感悟、吸纳都是不一样的。学生时代读《论语》，我记住的是"学而时习之，不亦说乎""温故而知新，可以为师矣""学而不思则罔，思而不学则殆"等等。走上三尺讲台后，再读《论语》，"不愤不启，不悱不发""学而不厌，诲人不倦""其身正，不令而行；其身不正，虽令不从"等等又时时萦绕耳边，仿佛孔老夫子正端坐在我面前。

再次捧读《论语译注》一书时，我的脑海里突然蹦出了"熟稔三句可为师"这么七个字。站在一个教师的立场，近30年的从教经历，人生不同时段读《论语》的体悟，突然之间化作了七个字的感悟，从心底生发出来。我惊讶，我窃喜，我怦然心动。"弱水三千，取一瓢足矣；《论语》千言，践行三句可成良师也。"

做老师，不能不读《论语》。《论语》中有多少朴素又经典的教育至理名言啊。人生观、学生观、方法论、教育教学策略等等，只要你用心品读，都能在《论语》中找到答案。"教学相长""因材施教""不愤不启，不悱不发"，仅此三句就足够我们这些做老师的实践一生，享用一生；仅此三句，如果我们能认真落实，好好演绎，我们的学生都将卓尔不凡；仅此三句，如果我们能堂堂落实，每科做到，人人践行，学校必将焕发蓬勃生机，教师必然成就非凡。

古人云"生不必不如师""师不必贤于弟子"，当我们以一位组织者、引导者的身份走进课堂，以平等的身份看待、对待学生，以对话的方式和学生交流，以开放的胸襟关注学生学习时，我们总能在课堂里，在学生身上收获意外的惊喜。这大概就是孔子所说的教学相长吧。过去，教师总是高高在上，是知识的化身，权威的象征，面对学生，总是居高临下，课堂里上演的是我讲你听、我问你答的"灌输式""问答式"教学行为。新课程改革实施以后，许多新的理念开始慢慢为广大教师所接受。譬如，学生本身就是课程资源；教师是组织者、引导者，是平等中的首席；课堂是个动态生成的过程，教师要处理好预设与生成的关系；在教与学的过程中，学生、教师都在发展，都在提高。这些鲜活的表述，归根到底核心就是《论语》中的四个字——"教学相长"。"教学相长"要求教师用发展的眼光看待学生，不要简单地把学生当作"一张白纸"；"教学相长"要求教师善于利用学生这一课程资源，动态把握师生、生生互动中即时生成的资源；"教学相长"要求教师蹲下来，以学生的视角看待自己的"教"。

谈到这里，我想起自己教学过程中的一个案例。记得 2006 年，我在磨一节公开课《小木偶的故事》。几次试教下来，我都不够满意，带着思考，我又走进了另一个班，准备再试一次。这个班有的学生正在做"我来比画，你来猜"的游戏。看到他们做得那么有滋有味，那么投入，我突然灵机一动：这篇课文有那么多描写人物表情的词语，这些词语既是学生学习过程中需要理解的，又是串起这篇童话的一条线索。我何不让学生从看词语做表情入手来学习这篇课文呢？我临时改变了原先的教学思路，把导入新课变成"看词语做表情"。我从看词语做表情巧妙引出"笑嘻嘻"；然后由"笑嘻嘻"一词带出课文中含有这个词的四个句子，从四个句子扩展到故事的四个部分；再通过组织学生对故事的四个部分进行分角色朗读、体会，引出对课文蕴含道理的感悟；最后，以练习写话，想象小木偶怎样要回背包，露出"笑嘻嘻"的神情作为课的结尾。经过这样一调整，我觉得课上得特别顺畅，特别成功。这真是"提领而顿，百毛皆顺"啊。许多老师听了我的课以后，都十分欣赏我从词语入手，巧妙抓住"笑嘻嘻"这一文眼的教学处理策略。大家觉得这样处理教材，就像是小品里抖"包袱"似的，牢牢抓住了学生的学习心理。听了老师的夸奖，我偷偷乐呵。他们哪里知道如此巧妙的策略竟然是学生启发了我呀。这次上课前的灵机一动，不仅让我收获了一堂成功的公开课，更让我深深懂得"三人行，必有我师焉"的深刻道理。倘若我们能经常带着问题，带着思考走向学生，我们一定能从学生那里收获无穷无尽的智慧。

再来和大家谈谈"因材施教"吧。孔子是我国历史上第一位重视因材施教的教育家。他经常注意观察了解学生的性情、生活习惯及特点，从而根据不同学生的不同情况进行教育，即所谓"视其所以，观其所由，察其所安"

"退而省其私"。孔子根据学生的个性特长及学习特点，进行分类培养，以发展他们的专长，这在世界教育史上也是最早的。伟人毕竟是伟人，他的思想能穿越时空，2500多年前发表的观点、说的话，仿佛就是为当下社会准备的。孔子的伟大、《论语》的魅力恐怕就在于此。以生为本，开展个性化教育，实施有差异的教育，实现有差异的发展，取得有差异的成功，还有加德纳的多元智能理论等等，这些不就是孔子说的"因材施教"吗？

多么言简意赅的表述啊，孔子仅用四个字就阐明了教育的真谛，教学的秘妙。"因材施教"要求教师以生为本，站在学生的角度来考虑、选择教育教学策略；"因材施教"要求教师以学论教，顺学而导；"因材施教"要求教师实施个性化教育、有差异的教育，实施分层教学，一把钥匙开一把锁。学生的个性特点、知识基础、学习能力、多元智能是有差异的，面对四五十位个性迥异的学生，我们要"因材施教"，选择适合"他"的教育方式进行教育。理想的教育就是要张扬学生的个性，扬长避短，根据不同学生的不同兴趣爱好提供不同的教育服务，从而让每一个学生健康成长，让每一个学生都能得到最优发展。

然而，面对孔老夫子的"因材施教"，面对穿越千年仍历久弥新的至理名言，教育教学原则、规律，我们做到了吗？我们是否还在批量生产统一规格的学生呢？面对一个个鲜活的、千姿百态的生命个体，我们是否还在做着整齐划一的教育呢？可以毫不夸张地说，一个教师如果能坚持"因材施教"，必定能成为一代名师；学校如果能坚持"因材施教"，必定能成为一所名校；教育如果能坚持"因材施教"，必定能百花齐放，焕发勃勃生机；一个国家如果能坚持"因材施教"，这个国度必定人才辈出，国力昌盛。

面对这样振聋发聩的至理名言，我们缺少的不是理念，而是践行教育规律的意志与信念。

孔子在教学中，十分重视启发诱导学生，培养学生独立思考的能力。他反对把学生当作容器，把现成的知识装进去。《论语》中记录的"不愤不启，不悱不发"正是孔子这一教育思想的集中体现。

"不愤不启，不悱不发"，我的第一个理解就是教育教学时机的选择十分重要。学生会的不讲，学生自行能解决的问题不讲，学生思考、讨论后能解决的问题也不要讲。教师的讲解要用在"刀刃上"，要一语中的，四两拨千斤，要让学生听了有醍醐灌顶、茅塞顿开、豁然开朗之感。

"不愤不启，不悱不发"，我的第二个理解是要培养学生独立思考的能力。课堂上我们要增加学生个体独立学习的时间，减少统一的、整齐划一的教学行为。培养学生自主学习的能力，使其学会思考，学会质疑。当前，国内教育改革有比较大的突破，取得比较好的成绩的学校，有一个共同的地方：培养学生独立思考的能力，发挥学生自主学习的潜能，充分调动学生自主学习的积极性，充分发挥启发式教学的作用。

"不愤不启，不悱不发"，我的第三个理解是教育教学要坚持"启发式"，摒弃"填鸭式"。教育教学最可悲的是：教师代替学生思考，教师剥夺学生思考的权利，把学生看作一个个容器。而启发式则相反，在启发式思想体系中，学生是学习的主人，教师是引导者，讨论、探究是主要的教学策略。新课程标准倡导的自主、合作、探究的理念是对"不愤不启，不悱不发"最好的诠释。2500多年前，孔子在教学方法上有如此卓见，这是十分难能可贵的。

行文至此，想必大家对我提出的"熟稔三句可为师"的观点不会不认同。半部《论语》治天下，践行三句即足矣。为师者，倘若能参透这三句，践行这三句，想必离大师不远也。道不远人，让我们在圣贤的光芒下学习成长，用《论语》这部伟大的教育巨作引领我们的教育教学。

做有书卷气的老师

书是最高档的美容品，最有效的营养剂。就像女同胞护理自己的容颜一样，读书修缮了我们的心灵，使心灵变得日益健康阳光。读书是心灵的探险，思想的放牧；读书是心灵的对话，读书让心灵慢慢成熟。读书，让我们的骨子里有了"钙中钙"，让我们的精神容颜注入了最鲜活的、抗衰老的生命元素。

——题注

北宋著名书法家黄庭坚曾说：三日不读书，面目可憎、言语无味。毛泽东主席曾说："饭可以一日不吃，觉可以一日不睡，书不可以一日不读。"古往今来，不知有多少人阐述过读书的重要性。当今社会已经进入信息时代，知识大爆炸，新知识呈几何级增长，按理说，面对这样的时代，我们每个人都更应该拼命阅读，以紧跟时代的步伐，不至于落伍掉队。但奇怪的是，由于生存的压力和物质利益的诱惑，大家都把眼光和精力投向外部世界，高速发展的社会，让每个人都生活在快节奏中。因为忙碌而忽视了自己的内心世界，静心读书以充盈内心世界成了可有可无的一件事。对于一个人、一个民族来说，没有比这更可悲的了。不读书，对于一般人来说，可悲却不可怕，倘若三尺讲台上的为师者，也是如此，那就既可悲又可怕。因为教育需要教师具有博大而高远的精神，充实而圣洁的灵魂，虔诚而温馨的情怀，以及追求完美人生的信念，而修炼这种品性，提升这种信念的重要途径正是——读书。

三国时代，诸葛亮上知天文，下晓地理，运筹帷幄，决胜千里，这力量就来自知识；一代伟人毛泽东博览群书，海纳百川，领导全国人民改变了中国的命运，用知识谱写出了光辉的篇章。养心莫若寡欲，至乐无如读书。读书决定一个人的修养与境界，关系一个民族的素质和力量，影响一个国家的前途和命运。一个不读书的人，不读书的民族，是没有希望与未来的。当今社会，虽然受一些客观因素影响，读书不一定能完全实现个人的追求，读书不一定能取得成功，但可以肯定的是不读书更难成功。

开卷有益，读书好处多。作为一名教师，读教育经典，可以和教育专家对话，解答疑惑并唤起教育热情；读教育报刊，可以了解教育的前沿信息和热点问题，共享同行的教学智慧；读人文书籍，可以拓展自己的人文视野，涵泳情性，滋养人格；读儿童书籍，可以了解孩子的思想言行，走进学生心灵。读书，是教师心灵力量的来源；读书，是教师专业成长的基础。一句话：多读书不会输。

有的人天生气质高贵，有的人则需要后天的读书来改善。甚至可以说，书是最高档的美容品，最有效的营养剂。就像女同胞护理自己的容颜一样，读书修缮了我们的心灵，使心灵变得日益健康阳光。读书是心灵的探险，思想的放牧；读书是心灵的对话，读书让心灵慢慢成熟。读书，让你的骨子里有了"钙中钙"，让你的精神容颜注入了最鲜活的、抗衰老的生命元素。

经常读书，会使我们骨子里透出灵气和睿智，"腹有诗书气自华"，读书能改变人生。读书学习犹如充电蓄力，受益无穷。书是"精神的巢穴，生命的禅房"。学问改变气质，而读书是气质、精神永葆青春的源泉。困惑迷茫时，读书能让我们豁然开朗；悲伤消沉时，读书能让我们驱散阴霾；孤独无助时，读书能让我们得到心灵的慰藉；心浮气躁时，读书能让我们宁静淡泊。陶醉在书的世界里，洗涤自己，充实自己，忧伤自己，快乐自己。肖复兴说过："读书，可以寻找一块洁净的宿营地，能安置我们的灵魂；可以寻找一方明亮清澈的夜空，让我们的梦想能毫无顾忌地尽情飞翔。"让我们沐浴书香为生命美容，让熠熠闪光的文字穿透你我的身体直至灵魂吧。

　　读书也是提高教师专业水平，提高教师执教能力的重要途径。教育是一门艺术，更是一门科学，教育教学工作是有规律可循的，只有认识教育教学规律，遵循教育教学规律，把握学生的心理特征，才能搞好教育教学工作。读书能够改变教师人生匮乏、贫弱、苍白的状态；读书能改变教师的精神、气质和品性；读书，能使教师不断增长职业智慧，能使教师的教学闪耀着睿智的光彩，充满着创造的快乐；读书，能彻底改变教师孤独、麻木、灰色的人生状态。教师作为"读书人"和"教书人"，始于读，发于思，成于行。

　　一个人会读书可以改变自己的命运，一群人会读书就可以改变一所学校的命运，千千万万个会读书的老师，就会改变无数个孩子的命运，进而改变国家、民族的命运。书卷气是一个人最好的气质，书香气是一个校园最好的氛围。

无限相信书籍的力量

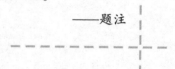

读书能医愚，读书能治穷，读书能疗病，读书能砺志，读书能致远，读书能练达，读书能聪慧，读书能知道怎么交友、怎样识人、怎样说话、怎样做事、怎样活着才身心健康有价值，读书能明白什么样的人生才称得上完美无憾。

——题注

提起读书的重要性，我马上就会想到康熙皇帝说过的一句话：这世上什么东西都可丢，但书不能丢。一个皇帝，面对江山社稷，面对那把镏金龙椅，在那样的时代说出这样的话语，不仅反映了一个人的见地，更是道出了书的重要。

我是一个嗜书如命的人。藏书、读书、涂鸦，于我是人生三件乐事。每每走进书店、图书馆，望着那满橱的图书，我时常感叹，或许这辈子最适合我的是做个图书管理员，天天与书相伴，沐浴书海，神交智者，浸润在油墨的芳香里，那该是多么惬意的生活啊！

小时候，家在偏远的穷乡僻壤，留在记忆中的唯一欢乐是在昏暗的煤油灯下和伙伴们交换着看小人书。直到初中毕业走进师范校园，才发现什么是书海，什么是知识的海洋。鲁迅、茅盾、托尔斯泰、雨果……面对这一串串既熟悉又陌生的名字，面对那些只知其名，却从未触摸过的书籍时，我兴奋不已，也有一种莫名的恐慌，一种掉进无边大海望不到岸的惊恐。从那以后，我开始"恶补"自己贫瘠的心灵，路灯下、小湖边、深夜打着手电的被窝里，都留下我如痴如醉的身影。尽管如此，我还是无法弥补贫瘠童年的浅薄。徜徉书海，使我深深懂得：一个人如果在一定年龄段里，应该读的没有读，应该看的没有看，应该做的没有做，那将是终身的缺失，终身的遗憾。

尽管由于童年缺少书籍的浸润，文学修养的基础没有打扎实，对我来说是件遗憾的事情，但藏书、读书、涂鸦给我带来的乐趣依然让我感到满足。记得20多年前在一次帮朋友搬家过程中，无意间瞥见朋友丢弃的一堆图书，我顾不上满地狼藉，顾不上擦一下汗渍，蹲下就挑。这时，魏书生的《班主任工作漫谈》跳入我眼帘。那时我还不知道魏书生是谁，匆匆浏览了一下序，我便爱不释手了。回到家后，连洗澡都没顾上，花了一夜工夫，读完全书。我既激动又汗颜，激动的是我找到了当老师、做班主任工作的钥匙，汗颜的是自己的孤陋寡闻，做了四年老师，竟连魏书生都不知道。在这位不曾谋面的教育专家的指导下，我班主任工作越干越得心应手，越干越出色，不经意间，我竟也成了孩子喜欢的老师。

书读得多了，有时兴致来了，我也尝试着涂鸦。经过一段泥牛入海的寂寞后，我终于尝到了自己的文字变成铅字的喜悦。生活因为读书变得充实，日子因为有了期待更加充满希冀。特别是当自己的文章被别人摘引，那种满足感不是物质所能替代的。

因为自己有过切身的体会，有过真切的后悔，如今，已是为人父、为人师的我，时常教育孩子们一定要潜下去，钻进去，让书籍陪伴自己走过童年。当看到公众阅读率持续走低时，我陷入深深的忧虑之中。读书能医愚，读书能治穷，读书能疗病，读书能砺志，读书能致远，读书能练达，读书能聪慧，读书能知道怎么交友、怎样识人、怎样说话、怎样做事、怎样活着才身心健康有价值，读书能明白什么样的人生才称得上完美无憾。谁用读书把空虚填满，谁就比别人聪明十分，比别人站得高、看得开、走得远，比别人更能承受苦难、经历伤痛，比别人成功的把握更大。读书有这么多的好处，如今读书的条件那么好，为什么公众阅读率却反而持续走低了呢？纵观世界各国，凡是崇尚读书的民族，大多是生命力顽强的民族。全世界读书最多的民族是犹太民族，平均每人每年读书64本。酷爱读书使犹太人在亡国两千年之后重新复国，酷爱读书使犹太人迅速建成了一个现代化的国家。有介绍说，在犹太人家庭里，小孩子稍微懂事，母亲就会翻开《圣经》，背着孩子滴一些蜂蜜在上面，然后叫孩子去吻《圣经》上的蜂蜜，让孩子初步感知书本是甜的，并逐步体到出读书是愉快的事情。当我看到这段文字时，我被犹太人这种热爱读书的精神深深打动。

"书与人生"是一个永恒的话题，古往今来，不知有多少人阐述过读书的意义。多年前《光明日报》曾刊登过一篇关于读书的文章，文章结尾的四句话振聋发聩。"一个不重视阅读的学生是缺乏获取新知识能力，缺乏发展潜能的学生。一个不重视阅读的家庭是文化内涵浅薄、平庸的家庭。一个不重视阅读的学校是呆板沉滞、令人窒息的学校。一个不重视阅读的民族，必然是一个没有希望的民族。"这铿锵的话语犹如号角，给人激励，催人奋发。我愿把这些掷地有声的话语送给大家，我愿与大家一同分享读书的幸福。有书相伴，相信我们的人生会更加灿烂、精彩；有书相伴，相信我们的民族会更加团结、强大。

电影里住着一个教育家

在众多的电影中，有相当一部分与教育有关，与学校、教师、学生有关。我们这些做教师的，可以通过观看电影汲取教育的力量，可以通过这类教育电影学为师之道。可以毫不夸张地说："电影里住着一个教育家。"

——题注

电影虽然诞生才百余年，但它的诞生是现代技术与艺术完美结合的象征。借助现代技术，电影成了综合艺术的集合体。没有一个艺术载体，能如电影那样，集文学、摄影、绘画、戏剧、音乐、舞蹈、雕塑、设计、语言等如此多的艺术形式于一身。随着科技的发展，集视觉、听觉、感觉于一体，虚拟与现实情景相交融的电影，越来越受人们的喜爱，看电影成了我们生活的一部分。电影除了丰富我们的文化生活外，我觉得它与我们的教育也息息相关。许多优秀影片，对家庭教育具有良好的示范引领作用，对青少年健康、高尚人格的塑造具有积极的影响，对教师教书育人工作具有启迪与指导意义。

在众多的电影中，有相当一部分与教育有关，与学校、教师、学生有关，甚至可以毫不夸张地说，是专门为教育工作者而拍的。浏览教育媒体，我们经常可以看到向老师推介有关"教育电影"的信息:《暑期,我们只向老师推荐这7部电影!》《12部咱教师的影片》……关于电影与教育,甚至有大学教授投入精力进行专门研究。华东师范大学邓志伟教授,聚焦中外教育电影,出版了《教师一定要看的15部电影》一书;福建师范大学张荣伟教授,注重影视资源的开发与利用,不仅在大学里开设"中外教育电影赏析"公选课,还出版了专著《电影教你当老师——60部中外电影的教育意蕴》。

在电影里可以汲取教育的力量。《凤凰琴》《黑板》《包裹》告诉我们教育理想是教师职业的内驱力,守望教育需要教育信仰;《热血教师》《弦动我心》《摇滚校园》向我们传递的都是满满的正能量,教师需要激情,教育需要火一般的热情;《国王的演讲》《新来的李老师》《死亡诗社》告诉我们做一名智慧型的教师是多么重要,教育需要智慧,智慧照亮未来。因为留心教育类电影,透过荧屏,我会比较各国教师的言行举止、课堂组织,进而思考,什么样的老师是最受学生欢迎的。因为留心教育类电影,透过荧屏,我会比较各国的校园、课堂有什么不同,进而思考,什么样的校园、课堂是最理想的。因为留心教育类电影,透过荧屏,我会比较各国的文化、风土人情,进而思考,文化、风土人情背后人的思想、教育的观念等深层的东西。

在电影里可以学到为师之道。《叫我第一名》彻底改变了我对特殊学生的观念。我想,我以后再也不能凭经验去判定特殊学生,想当然地认为,问题学生缘于习惯,缘于家庭教育的问题。看了这部影片,我对"教育是一门科学,更是一门艺术"这句话有了更深刻的理解。《放牛班的春天》中,马修老师面对问题少年,摈弃了其他老师残暴高压、体罚的管教方式,用音乐打开了学生们封闭的心灵,领着他们走向健康,走向阳光,走向春天。他用自己的耐心,用音乐消融问题学生冷漠如冰的心,让温存、温润重新住进他们的心房。这部影片,让我明白教育的本质是:一棵树摇动另一棵树,一朵云推动另一朵云,一个灵魂唤醒另一个灵魂。从音乐切入,用教育去改变,这部影片,给了我许多启迪与思考。

电影里住着一个教育家。观看教育电影,对于教师来说,不失为一种很好的学习与培训。正因为如此,《人民教育》《中国教育报》等报刊都在倡导推行"教师电影工程"。电影是一种极好的教育资源,也是教育学生的一种极好方法。许多老师把电影引入教育教学，产生了意想不到的效果。全美最佳教师奖获得者雷夫，只用了一年时间，就把一群来自贫民窟家庭的孩子，培养成了绅士、淑女。他有什么秘诀呢？一年里组织学生看100部电影就是他创造奇迹的秘诀之一。在我们中国，许多老师都在积极探索"学生电影工程"，像张祖庆老师、钱锋老师、史金霞老师等等。教育部每年都会向中小学生推荐优秀影片，全国各地很多学校把引导学生观看优秀影视片作为一项重点工作来推进。

引导学生观看优秀影片，可让学生在不知不觉中接受优秀影片的教育与影响。什么样的教育是最好的教育？潜移默化、润物无声，受教育者不觉得自己在被教育，这就是最好的教育。电影就有这样的作用与功效。在优秀影片的影响下，在荧屏下成长起来的人，心灵是柔软的，情感是细腻的，性格是坚强的，人性是美好的，世界观是健康的。正因为如此，我们要把那些与教育有关的优秀影片作为提升教师专业素养的资源；正因为如此，我们要把优秀影片作为教育资源，吸纳到教育教学中。

附100部教师必看电影：

序号	片名	导演	地区	年份
1	叫我第一名	彼得·沃纳	美国	2008
2	地球上的星星	阿米尔·汗	印度	2007
3	死亡诗社	彼得·威尔	美国	1989
4	国王的演讲	汤姆·霍珀	英国	2010
5	蝴蝶	费利普·弥勒	法国	2002
6	凤凰琴	何群	中国	1994
7	热血男儿	李桢凡	韩国	2006
8	放牛班的春天	克里斯托夫·巴拉蒂	法国	2004
9	上一当	刘宝林/何群	中国	1992
10	音乐之声	罗伯特·怀斯	美国	1965
11	背起爸爸上学	周友朝	中国	1998
12	一个都不能少	张艺谋	中国	1999
13	跑吧孩子	梁智强	新加坡	2003

序号	片名	导演	地区	年份
14	黑板	莎米拉·马克马巴夫	伊朗	2000
15	美丽的大脚	杨亚洲	中国	2002
16	我的教师生涯	郑克洪	中国	2007
17	生命因你而动听	斯蒂芬·赫瑞克	美国	1995
18	弦动我心	韦斯·克雷文	美国	1999
19	心灵捕手	格斯·范·桑特	美国	1998
20	蒙娜丽莎的微笑	迈克·内威尔	美国	2003
21	天堂的颜色	马基德·马基迪	伊朗	1999
22	草房子	徐耿	中国	2000
23	家庭作业	阿巴斯·基亚罗斯塔米	伊朗	1989
24	水凤凰	宋海明	中国	2008
25	代课老师	凌一文	中国	2006
26	志愿者	潘安子	中国	2008
27	自由作家	理查德·拉·格拉文斯	美国	2007
28	麦积山的呼唤	李佳伦	中国	2011
29	最后的讲座	李威	中国	2010
30	毒祸2	黎卫名	中国香港	2011
31	小亮的夏天	段国云	中国	2011
32	超脱	托尼·凯耶	美国	2011
33	包裹	王晖乐/彭杰	中国	2012
34	那些年，我们一起追的女孩	九把刀	中国台湾	2011
35	月升王国	韦斯·安德森	美国	2012
36	与玛格丽特共度的午后	让·贝克	法国	2010
37	特别响，非常近	史蒂芬·戴德利	美国	2012
38	神童	Antoine Charreyron	法国	2011
39	风雨哈佛路	Peter Levin	美国	2003
40	麒麟之翼	土井裕泰	日本	2012
41	野蛮比尔	德克斯特·弗莱彻	英国	2011
42	球动非洲	戴布斯·加德纳-派特森	英国	2010

序号	片名	导演	地区	年份
43	街头日记	理查德·拉·格拉文斯	美国	2007
44	山村犹有读书声	Nicolas Philibert	法国	2002
45	心灵访客	格斯·范·桑特	美国	2000
46	四分钟	克里斯·克劳斯	德国	2006
47	热血教师	Randa Haines	美国	2006
48	摇滚校园	理查德·林克莱特	美国	2003
49	十三棵泡桐	吕乐	中国	2006
50	孩子王	陈凯歌	中国	1987
51	高三	周浩	中国	2005
52	烛光里的微笑	吴天忍	中国	1991
53	上学路上	Orhan Eskiköy，Özgür Doğan	土耳其	2009
54	看上去很美	张元	中国	2006
55	孔子	胡玫	中国	2010
56	高考 1977	江海洋	中国	2009
57	请投我一票	陈为军	中国	2007
58	鲁冰花	杨立国	中国台湾	1989
59	考试一家亲	刘晓光	中国	2001
60	迟到的春天	马绍惠、太纲	中国	1980
61	女大学生宿舍	史蜀君	中国	1983
62	阳光灿烂的日子	姜文	中国	1995
63	GTO	铃木雅之	日本	1999
64	小孩不笨	梁智强	新加坡	2002
65	小孩不笨 2	梁智强	新加坡	2006
66	孩子不坏	梁智强	新加坡	2012
67	姐姐的守护者	尼克·卡索维茨	美国	2009
68	录取通知	斯蒂夫·平克	美国	2006
69	天那边	韩延	中国	2007
70	小猪教室	前田哲	日本	2008
71	卧底学园	Mark Blutman	美国	2008

序号	片名	导演	地区	年份
72	我的父亲母亲	张艺谋	中国	1999
73	我的老师	谭力·截禄冠	泰国	2009
74	苏菲的世界	艾立克·古斯达夫逊	挪威	1999
75	朱诺	杰森·雷特曼	美国	2007
76	少年犯	张良、王静珠	中国	1985
77	入殓师	泷田洋二郎	日本	2008
78	浪潮	丹尼斯·甘塞尔	德国	2008
79	飞不起来的童年	埃内斯托·达拉纳斯	古巴	2014
80	成长教育	罗勒·莎菲	英国	2009
81	小森林·夏秋篇	森淳一	日本	2014
82	有一天	杜波、易小星等	中国	2014
83	步履不停	是枝裕和	日本	2008
84	少年时代	理查德·林克莱特	美国	2014
85	大鱼海棠	梁旋/张春	中国	2016
86	风柜来的人	侯孝贤	中国台湾	2002
87	冬冬的假期	侯孝贤	中国台湾	1984
88	肖申克的救赎	弗兰克·达拉邦特	美国	1994
89	中国合伙人	陈可辛	中国	2013
90	拯救大兵瑞恩	史蒂文·斯皮尔伯格	美国	1998
91	最长的一天	肯·安纳金等	美国	1962
92	美丽人生	罗伯托·贝尼尼	意大利	1997
93	年度最佳学生	Karan Johar	印度	2012
94	荒野猎人	亚利桑德罗·冈萨雷斯·伊纳里多	美国	2016
95	阿甘正传	罗伯特·泽米吉斯	美国	1994
96	甘地传	理查德·阿滕伯勒	美国	1982
97	新来的李老师	王莉	中国	2010
98	相约星期二	米克·杰克逊	美国	1999
99	伟大辩手	丹泽尔·华盛顿	美国	2007
100	垫底辣妹	土井裕泰	日本	2016

6

PART 3

素养三　行动力

　　0.1 永远大于 0。立即行动，一个差的结果也比没有结果强。行动的人最接近真理。临渊羡鱼，不如退而结网。每天前进半步，一年就能前进 180 多步，十年就可能把别人甩开十万八千里。这就是行动的力量。

集中火力烧开一壶水

有的老师做不好事，不是才华、智慧、能力比别人差，而是用心不专。因为专注，所以专业；因为专注，所以卓越。一生只做一件事，专注造就成功。

——题注

每个人面前都有许多壶等待烧开的水，壶上面写着各式各样的名称。面对待烧开的一壶壶水，很多人是这样做的：一会儿烧烧这壶，一会儿烧烧那壶，到头来，一壶水都没有烧开。芸芸众生中，绝大多数人是这样的。当然，有极少数的人是这样烧水的：他们心无旁骛，忠心不二，集中火力烧开一壶水。有时，当他发现自己的所有柴火连一壶水都无法烧开时，还会毅然把壶里的水倒掉一部分，再集中所有的柴火，烧开半壶水。面对那些把水烧开的人，我们这些东烧一会儿，西烧一会儿的芸芸众生除了艳羡之外，恐怕内心还有无尽的懊恼。

借用"集中火力烧开一壶水"，我是想谈论"一生只做一件事"这个话题。一个人一生可做的事情很多，就像摆在我们面前的一壶壶水，而我们的精力和时间，就好比烧水的柴火，是有限的。古今中外，各行各业，有许多"一生只为一件事而来"的典范，他们就像一颗颗耀眼的明星，熠熠生辉。

全国劳动模范、技术状元翟筛红一生坚守传统手艺木工，成为全国木工状元。"让传统文化活起来，让京剧艺术后继有人"则是梅葆玖先生一生心心念念的事。这位京剧梅派艺术传人，著名京剧表演艺术家，一生只为一事而来，他坚信中国传统戏曲具有穿越时空的力量。"杂交水稻之父"袁隆平，五十年如一日，坚守农业科研第一线，呕心沥血，苦苦追求，为解决中国人的吃饭问题作出了重大贡献。诺贝尔医学奖获得者屠呦呦，倾其一生投入到中药和中西药结合研究中，发现青蒿素，攻克疟疾，为数百万人的生命带来希望。

举不胜举的事实告诉我们，一生只做一件事，专注造就成功。在教育界，同样有许多这样的例子。教育名家、全国教书育人楷模于漪老师，有多次机缘调离教育系统，但她一生钟爱教育，如今虽已至耄耋之年，依然活跃在语文教学改革的第一线。"一辈子做教师，一辈子学做教师"是她的座右铭。著名教育改革家魏书生老师，当初为了申请当老师，六年里向上级提交了150多份申请报告。他说："我是为教育而生的。"数十年来，他痴心教育，醉心改革，成为一名当之无愧的教育家。著名特级教师、尝试教育的创始人邱学华老师，对小学数学教学痴心一片，创立了尝试教学法，建构了尝试教育理论。

集中火力烧开一壶水，首先要解决的是烧水态度问题。工作中，我们发现有的老师做不好事，不是才华、智慧、能力比别人差，而是用心不专。我经常看到有些老师开会听讲座，手机不离手；手里改着作业，备着课，耳朵里塞着耳麦听着歌；一边阅读书籍，一边时不时翻阅手机微信，回个QQ，浏览一下网页新闻。自从有了网络之后，人们就再也没法集中精力去做自己想做的事情了。"一心一意"已经渐行渐远，成为一种传说。该吃饭时，不好好吃饭；该睡觉时，不好好睡觉。这种"多任务处理"的工作方式、生活方式，消解了人的专注度与深度思考的力量。久而久之，烧水的火力就不集中了。消解我们专注度的，还有另外一个因素：社会飞速发展，世界越来越缤纷多彩，虚幻的外部诱惑越来越多。有些老师，这里教着书，当着老师，那里还想炒个股，发个大财；有些老师，一边当老师，一边开网店，做微商；有些老师把上班当副业，把有偿家教、托管学生当主业。吃着碗里的，盯着盘里的，心里还惦记着锅里的。成天心神不宁，这与今天烧烧这壶水，明天烧烧那壶水，有什么两样呢？集中火力烧开一壶水，就是要心无旁骛、专心致志。该吃饭时好好吃饭，该睡觉时一门心思睡觉。

今天，我们既然选择了当老师，从事教书育人这项事业，既然选定了"教师"这壶水，我们就应该集中火力把"教师"这壶水烧开。怎样算是把水烧开了呢？如果以功成名就为标准，即便再怎么专心致志，恐怕绝大多数老师都难以烧开那壶水。我对水是否烧开，有特别的理解。我认为，一个老师只要能清楚地知道学生在哪里，我们要把他们带到哪里，以及知道带他们去的最优路径，这壶水就已经烧开了。一个老师如果能深受孩子们喜欢、爱戴，能深受家长、社会的认可、敬重，你面前"教师"这壶水已经沸腾。一个老师如果胸有万千丘壑，面对学生能深入浅出、纵横捭阖，能点石成金，化腐朽为神奇，你的"教师"这壶水，因为沸腾壶盖早已开始呼呼作响，发出欢悦的凯歌。

集中火力烧开一壶水，一生只做一件事。因为专注，所以专业；因为专注，所以卓越。

模仿，不是一件丢人的事

在艺术界有句老话叫"学我者生，仿我者死"。这句话不一定适合教育界，因为面对不同的学生，你的每一次模仿都是一次全新的创造。

——题注

十多年前，刘仪伟在中央电视台主持过《天天饮食》这档节目；最近这两年，王小丫导演的饮食节目《回家吃饭》也备受欢迎。看这两个节目，我发现了一个迅速提升自己厨艺的窍门。只要按照节目上介绍的方法，亦步亦趋地模仿，我也能烹饪出色香味俱全的美味佳肴。

模仿，是创新的开始。古往今来，从模仿起步，成名成家的例子不胜枚举。学写书法，从描红、临帖起步；吟诗作词，从做对填词开始；习武练技，从模仿师父的一招一式开始。娱乐节目里，明星模仿秀带给我们许多欢乐。许多特型演员，把伟人、名人演绎得难辨真假。可以毫不夸张地说，模仿存在于生活中的方方面面。

教育是一门科学，也是一门艺术。没有谁天生就会做老师，从事教育教学工作的老师，必定会经历新手期、适应期、成长期、成熟期。在专业成长过程中，"学习、实践、反思"是一条重要的路径，"模仿"是另外一条重要路径。

不会写论文，不要紧，去模仿。我常听老师抱怨不会写论文，找不到切入点，没有素材，不知道怎么写等等。每每遇到这些老师，我都会送上一句建言：去找一本教育期刊，把第1—12期翻一遍，你就会写了。翻一遍的价值在于获取灵感，看看别人是怎么选用素材的，看看别人是怎么切入的；翻一遍的意义还在于找到自己感兴趣的，或者自己认为写得好的。然后，照着自己认为写得好的样式，选取自己感兴趣的话题试着去写一写。铁肩膀是扁担压出来的，铁脚板是万里长征走出来的。不会写，很大原因是长期不动笔造成的。要会写，去模仿，仿着仿着就变得会写了，就变得一发不可收了。同样道理，做课题也是这样。怎样才能得心应手地进行课题研究呢？我的建议是拿来主义。把别人做得好的课题拿来，看看人家是怎么写课题方案的，怎么一步一步开展研究的，怎么写课题结题报告的。认真研读一两个优秀课题报告，你大概就能摸着些道道。

对于一名教师而言，课堂执教水平高低是衡量优秀与否的极为重要的参考依据。对于一名渴望成为优秀教师的新入职教师、成长期教师来说，不断模仿名特优教师，无疑是成功的法宝。现在信息技术这么发达，名特优教师的观摩课、公开课录像、视频多如牛毛，只要你愿意学，愿意看，足够你学习的。我们可以通过反复观看，模仿其一招一式，学习其与学生对话的言语智慧。这里我要特别介绍全国著名特级教师王崧舟老师的一个窍门。王老师在分享其成长历程时，毫不忌讳地告诉大家，他今天的成功也是在模仿、学习、借鉴中取得的。他说，他是在观看教育名家于永正老师等前辈的录像课中成长起来的。他看名特优教师的录像课，有一招叫"情境填空法"，也就是在观看录像、视频的过程中，经常按暂停键。譬如，当名特优教师提出问题请学生回答时，他会暂停一下，想一想，如果是自己，会怎么处理这一环节。然后，再看名特优教师是怎么处理的，两相对照。这样的做法，能更好领会名特优教师的一招一式、一言一行的意蕴。在浩如烟海的名特优教师中，仿着仿着，你一定会找寻到一位风格最易被接纳的。当你找寻到自己喜欢的某一位名特优教师时，你离成功已经不远了。我们每位教师个性差异是非常巨大的。一位严谨型的教师想让自己通过模仿变成幽默风趣型的，难度是相当大的。但是，你在广泛浏览观看过程中，一定会找到与自己风格接近的一位名特优教师。当你找到以后，我建议你锁定目标，将这位名特优教师的课，一节一节观看、模仿。

观看名特优教师的录像课是一种模仿。把名特优教师的课堂实录、教学设计拿来，熟烂于心后放到自己任教的班级里去教授，也是一种极好的模仿。这种类似于克隆的模仿，非常有利于自己与名特优教师进行比照。即使你拿着名特优教师的教案、课件等所有材料走进教室，你也不可能上出和名特优教师一模一样的课来。因为课堂是一段永远无法完全复制的奇妙旅程，因为你面对的学生是一个个鲜活的个体。但是，正是这种类似克隆似的模仿，会让你产生顿悟，会让你在模仿中领略到大师教学设计的奥妙之处。

在我们身边，有些老师对模仿嗤之以鼻，我想说，模仿，不是一件丢人的事。模仿是创新的开始。对于教师而言，模仿是成长的开始。艺术界有句老话叫"学我者生，仿我者死"。这句话不一定适合教育界，因为面对不同的学生，每一次模仿都是一次全新的创造。

教学需要"糖衣炮弹"

> 盐很重要，但我们不能因为它重要，就直接用勺子舀着吃。同样道理，知识很重要，但我们不能直接灌给孩子们。我们要给知识包上一层甜甜的糖衣，让孩子们喜欢这枚包着糖衣的炮弹。
>
> ——题注

有一次，学校举行同课异构数学教研活动，我也去听了。两位老师上的内容是三年级的《蜗牛爬井》。教学例题是这样的：一口井 10 米深，蜗牛白天向上爬 3 米，夜晚向下滑 2 米。请问蜗牛几天才能爬出深井？

甲老师上课时，直接拿出例题，让学生讨论解题方法，然后一步一步教学生如何解决这类问题。乙老师上课时，没有忙着出示例题，而是给学生编了一个故事，说有一只蜗牛不小心掉进一口枯井，哭着想爬出来。长期生活在井里的癞蛤蟆，让蜗牛不要痴心妄想，老老实实和它一起待在井里算了。乙老师创编了一个故事，将数学例题藏在故事里，请孩子们帮帮蜗牛。课堂上，我明显感觉到，孩子们解题的积极性远远高于甲老师执教的班级。课后，老师们让我谈谈听课感受。我围绕"教学需要糖衣炮弹"这个话题，发表了自己的一些看法。

"糖衣炮弹"这个词儿本来是贬义词。我这里借它来谈教学，是贬义词褒用。"炮弹"是什么？在教学上，说到底就是我们要达成的"教学目标"。"糖衣"是什么？就是教师在教学中创设的各种情境。在教育教学中，教师善不善于创设情境，直接关系到学生的兴趣激发、情态调动。并且，学生年龄越小、年段越低，情境创设越重要。现在市面上，有许多名特优教师撰写的面向小学生的有趣书籍。有的老师把数学知识融汇在童话故事里，让孩子们阅读童话故事，学习数学知识。有的老师把作文技巧融汇在闯关游戏中，让孩子们在历险闯关游戏中，掌握写作本领。这类书籍很受孩子们的欢迎。这是为什么？因为他们都巧妙地创设了一个情境，让孩子们在故事中、情境中不知不觉地学到本领。

由"糖衣炮弹"我联想到人对食盐的需求问题。我们都知道，人体每天需要摄入一定量的食盐。盐对我们每个人来说都很重要，但我们从来不会用勺子舀起一勺盐直接吃。我们会把盐放在可口的汤里，放在美味的菜肴中，通过喝汤、吃菜，达到摄入食盐的目的。明白了这个道理，我相信大家对教育教学中创设情境的重要意义就理解了。

除了知识传授时需要"糖衣炮弹"，我觉得作为一名老师，站在学生面前时，应该努力把自己变成一枚"糖衣炮弹"。也就是说，当老师的要努力做一个有趣的人。有的老师，满腹经纶，但在学生面前很刻板，说话乏味、做事古板，总是端着师道尊严的架子，了无情趣。而有的老师，说话诙谐幽默，童心未泯，和孩子们在一起，就像个老顽童、活宝，深受孩子们的喜爱。我把这类老师比作一枚枚"糖衣炮弹"。而且，我觉得做个有趣的老师，远比某一两次教学中创设情境重要得多。要让自己变得有趣，首先，要善于修炼自己的言语风格，不断提升自己的言语水平。要让自己的言语表达在清晰明了的基础上，不断朝着幽默风趣的方向提升。其次，要始终葆有童心。童心未泯才能使我们心理年龄始终和孩子们一般大小。永葆童心，才能让我们以自己永不变老的童心去撞击儿童之童心，童心和童心撞击，才能创造最精彩最神圣的教育。人变得有趣了，才会创造性地创设许多有情趣的情境推进教学。

教育是事业，事业的意义在于奉献；教育是科学，科学的价值在于求真；教育是艺术，艺术的生命在于创新。让我们的教育教学裹上一层甜甜的糖衣，正是对"教育是艺术"的一种注解。

同一教案，两样课

　　同样一份教案，师徒二人却上出效果截然不同的课。其中
的缘由是什么呢？在对比中体悟，在体悟中发现。发现了，你
就成长了。

——题注

　　小张老师刚大学毕业，是初登讲台的一名新老师。学校安排她任教一年级语文，还给她安排了一位师父。因为师父不在同一个年级，勤学好问的小张，每次把课备好后，都会把教案拿给师父看，等师父同意后再去上课。可一个星期下来，小张教不下去了。闹哄哄的课堂，像菜市场，学生根本不听她管教。她自己也嗓子冒烟，喉咙沙哑。

　　得知这一情况后，她师父让她重新备一节课。她和师父用同一份教案、课件，选了两个平行班，分别上课。我也跟着这对师徒参加听课活动。先由小张上课，我和她师父听课。然后再由小张师父上课，我和小张听课。在听师父上课前，我给小张一个任务，让她观察记录师父上课的哪些地方和她的不一样。

　　两节课后，我们三个人坐在一起研讨交流。我们让小张说一说都记录了哪些不同。小张非常仔细，她记录了将近 20 个不同之处。小张发现，她上课时，师生问好以后，要播放儿歌了，她从点开云平台到播放儿歌，前后差不多用了 30 秒时间，而她在操作电脑的这 30 秒时间里，对学生没有任何管理行为。学生呢，干等着。因为看到后面有老师听课，孩子们还算乖巧。她师父则不同，上课前，先把儿歌打开，按暂停键。师生问好后，马上开始播放。与此相似的不同之处，还有一个。学生要开始抄写拼音了，小张开始一本一本发抄写本。等她发好，差不多两分钟已经过去了。而她师父则不同，上课前就把抄写本按组交叉叠放。等到要开始抄写时，分发给每组第一位学生，让学生传递抄写本，前后只用了十几秒钟的时间。

小张发现的这两处不同，在教学上有个专有的名称，叫作课堂管理行为。课堂教学行为是一个非常复杂的综合体。按照功能划分，主要有两类：一类是管理行为，一类是教学行为。课堂管理行为，为教学的顺利进行创造条件，确保单位时间的效益。小张和师父之间的这两处不同，恰恰反映了小张在课堂管理行为上的欠缺与薄弱。通过这样的对比，小张很快意识到自己的问题所在。

我们继续对比小张和师父的不同之处。下面是小张和师父教学语言上的真实记录：

小张："前面几节课，我们学习了单韵母，下面我们来复习一下。"

师傅："前面几节课，我们认识了拼音王国中的几位新朋友，下面我要来考考大家，是不是还认得这些朋友。"

小张："如果他读对了，我们给他掌声鼓励。"

师傅："如果他读对了，我们一起跟他读一遍。"

当我把她们俩在课堂上的这两组语言放在一起时，小张顿悟了。第一组教学语言显示，师父所采用的是贴近孩子的儿童化语言，而小张的语言是毫无情趣的。第二组语言在课堂效度上更是相去甚远。在小张的课堂上，学生站起来朗读，只训练到一个学生，其他同学除了说了几句"嗨嗨，你真棒！"之外，没有得到练习与巩固。而小张师父则不同，她让大家跟着读一遍，不仅检查了个体，还借此让大家巩固了一遍。这两组教学语言所折射出的教学效度是完全不一样的。

交往与沟通是而且永远都是教学的核心，但是，教师们所面临的一个两难境地就是如何选择教学策略以便使学生学得更好。师生之间的交往是影响教学有效性的一个关键因素，良好的教学效果取决于师生间良好的交往。课堂上，教师选用什么样的教学语言，直接影响着师生间的交往。英国朗曼出版公司1993年出版的《教学即沟通》一书指出，师生交往、沟通的方式影响教学的有效性。我们要努力创建一种健康的、富有创建性的，既能体现教师权威与纪律，又能体现平等与关爱的师生关系。

小张与师父的第三组不同之处是，指导学生书写拼音时，小张一边示范，一边讲解。在示范过程中，因为没有考虑到学生的视线问题，板演示范时，头挡住了自己的书写过程。学生根本没有看到。而师父在指导书写时，让学生来说一说要提醒大家注意的地方。示范板演时，老师下蹲、侧身，一边板演，一边用眼神扫视学生是否跟着老师书写了。

这个举动与前面提到的课堂管理行为不同。这一举动在课堂教学中，我们称为"教学行为"。课堂教学行为如果再细分，又可以分为两种：一种是直接指向目标和内容的，事先可以作好准备的行为，这种行为称为主要教学行为；而另一种行为直接指向具体的学生和教学情境，许多时候都是难以预料的偶发事件，因而事先很难或根本不可能作好准备，这种行为称为辅助教学行为。对于小张来说，她在课堂上所表现与反映出来的问题，主要是教学策略的薄弱与缺乏。

师徒用同一份教案、课件上同一节课，通过找不同，小张找到了为什么她的课堂学生会闹哄哄，上不下去的原因。小张说，这样的教学研讨方式，对像她这样的新手来说，太重要了。和小张师徒二人一起开展的这次研讨活动，也让我明白了许多。对于年轻教师而言，光听专家讲座、报告，光提要求是不够的，更重要的是如何给予他们这样"手把手"的指导。

留心收集学生的思想火花

　　留心收集学生的学习轨迹、思维轨迹和思想火花，对教师教育教学研究有百利而无一害；对于学生而言，这是他成长的足迹，美好童年的记录；对于教育而言，这是完整教育不可或缺的一部分。

——题注

　　我的师父励汾水老师，是全国著名的小学语文特级教师。她在担任宁波市教育局教研室教研员的时候，我有幸常跟随她一起听课。我发现她有一个好习惯：爱记录学生课堂上的精彩发言，爱收集学生当堂练习的课堂作业纸。起初，我没感觉这有什么特别。后来，阅读她陆续发表在报刊上的论文、案例，我才发现这个好习惯的妙处。她的文章，常常从课堂观察入手，剖析现象背后隐藏着的教学策略、教育理念。文章里配着她课堂观察时拍的学生作业纸、写话练习的原始照片。论文、案例读来深入浅出，特别亲切。师父善于记录学生精彩的发言，善于留存学生的作业纸，这一好习惯，给我留下深刻的印象。从那以后，我也开始效仿，并受益匪浅。

　　善于留心收集学生学习中的典型错误内容，教学会变得更有针对性。如果我们能把学生每一课学习过程中暴露出来的、带有普遍性的错误内容记录下来，等到期末复习的时候，你会发现领着孩子们复习特别省心。只要把这些易错题拿出来进行强化巩固，学生对本学期的知识点的掌握会比同年级其他班级更扎实有效。如果我们能把这些错误内容建个文件包存放在电脑里，等第二轮教下一届学生，因为已经有经验，教学时我们可以更有的放矢，把更多精力放在指导这些易错的题目类型上。学生会一届比一届教得好。教师为什么和医生、律师等被称为专业技术人才？就在于我们善于累积经验，把经验上升成规律。如果我们不善于做教学有心人，不善于累积这些原始素材，年复一年的教学就会变成跟着感觉走的重复劳动。

善于留心收集学生的精彩学习轨迹，有利于进行教学研究。学生精彩的学习轨迹涵盖面是很广的。对于一位美术老师来说，也许是学生精彩的一幅作品；对于科学老师来说，也许是学生稍纵即逝的一个创新火花；对于英语老师来说，也许是学生精彩的言语表达；对于数学老师来说，也许是学生与众不同的一个解题思路；对于语文老师来说，也许是即兴说出、写出的一段精彩话语。如果我们能做个有心人，及时收集学生生发在课堂上、作业练习中的精彩学习轨迹、思维轨迹，等于说，我们拥有了一个真实的、宏大的原始素材库。写论文、案例，做教学研究的时候，就不愁没东西了。

是否善于收集学生的学习轨迹、思维轨迹和思想火花，也是区分普通教师与研究型教师的一项重要考量内容。福州教育研究院的何捷老师，是中国小语界响当当的一位名师。他的语文课，没有人不爱听的。他思维敏捷、思路清晰、语言幽默风趣。尤其是他的作文教学公开课，更是出神入化。课堂上，他与学生之间的交流，水乳交融。他在课堂上，信手拈来、应对自如的点拨，常常让我们叹服。许多人想知道其中的奥妙。他说：哪有什么奥妙啊，20多年一线教学经历，我收集了学生平常习作中的2000多篇典型佳作。因为胸中有这些原始素材，现在教任何一篇习作，学生会出现什么情况，我基本上了然于胸。

除了收集学生学习中的典型错误内容、精彩学习轨迹之外，我觉得要成为一名教育家型的老师，还要能做到收集每一位学生的成长轨迹。这一点，全国各地许多学校都在积极尝试为学生建立成长档案袋。我觉得，这是一项有着深远意义的工作。如果老师们人人都能做个教育教学的有心人，都参与到学生成长档案袋的建设中来，相信这对孩子一生都意义非凡，对未来一代有着举足轻重的影响。

我参加过无数亲朋好友的婚礼，最让我感动的、具有刻骨铭心印象的是：有位妈妈在女儿的婚礼仪式上，为孩子送上了三本纪念册。一本是女儿从出生到出嫁每年的相片，一本是自己给女儿写的成长日记，一本是女儿的获奖证书、成绩单、习作、图画等成长轨迹手册。当大屏幕上播放出孩子牙牙学语、涂鸦的第一幅作品、小学时写的第一篇习作时，全场的来宾没有不落泪的。

2016 年，鲍勃·迪伦获得了诺贝尔文学奖。在众多对他的报道中，触动我心灵最柔软处的是：他 9 岁那年，在母亲节上为妈妈朗诵自己创作的一首诗。60 多年前，一个孩子写给妈妈的一首小诗，竟然被完整地保存下来了。我不仅惊叹鲍勃·迪伦当年小小年纪的才华，更惊叹这首小诗被保存下来这件事。

留存学生学习轨迹的原始材料，以及精细的档案资料保存意识，不论是教师个体、学校，乃至于整个社会，我们远不及西方发达国家。宁波有一座 1936 年建造的灵桥，是由德国西门子公司承建的，时隔 80 多年，仍在使用。更让我们折服的是，大桥设计图纸至今依然完好存放在西门子公司档案馆里。同样情况，也发生在学校里，西方许多发达国家，某人有一天成名成家了，回到小学、初中母校，竟然能翻找出小时候的学习档案，甚至是小时候手写的部分习作真迹等。我们能做到吗？恐怕能翻找出当年的毕业证书存根，已经相当了不起了。

话有些扯远了。留心收集学生的学习轨迹、思维轨迹和思想火花，对教师教育教学研究有百利而无一害；对于学生而言，这是他成长的足迹，美好童年的记录；对于教育而言，这是完整教育不可或缺的一部分。这样说来，留心收集学生的思想火花，不仅是教师个体的小事，更是整个教育的大事。

老师手里的红笔有魔力

　　传统不一定意味着过时。你用红笔打下的一个对勾，画下的一个五角星，签下的一个个"背""好""优"，犹如激励学生的一把把小锤，它们会轻轻地叩击学生的心灵。

——题注

　　我经常走进老师们的课堂，听随堂课、调研课。但我发现一个普遍现象，不论是语文课还是数学课，很少有老师会拿出红笔当堂批改学生的练习。尽管老师们也在走动，但极少一边巡视一边批改。每次听完课，我都会提醒老师：老师啊，千万别忘记使用你手里的那支充满魔力的红笔呀。

　　我是 20 世纪 70 年代末 80 年代初上的小学。那时候，做学生的哪有条件买红笔啊，老师手里的红笔在我们心目中简直就是"神笔"。课文背完了，老师大笔一挥写下一个"背"字，会让我们激动好一会儿。我们背一课，老师签一课，一本书里写有二三十个"背"字。因为有老师签下的红色"背"字，这些读过的书，我们怎么也舍不得丢弃。

　　后来，我当了老师，深知老师手中的红笔在学生心中的魔力。课堂上，我特别喜欢随堂批阅学生的作业，特别喜欢在学生书上打五角星，签"背"字，写"优"字。语文书上，每课后面都有生字表。课堂上，学生或描红，或仿写，我在巡视过程中，特别喜欢给学生画圆圈、打五角星，以示鼓励。孩子们在我的鼓励下，字一个比一个写得好，下课了还跟在我后面，希望我能当面给他们批阅。

每天早读时，只要我定一个目标，孩子们便会忘我地、投入地背诵起来。我特别享受孩子们那琅琅的书声。我知道，他们这么投入，都是因为我大笔一挥签下的那个鲜红的"背"字。

可是，不知从何时起，我发现老师们不太重视手中充满魔力的红笔了。许多老师喜欢到市场上买一些卡通图章，用盖章的方式，评判学生的背书、写字、作业情况。学生书背完了，也不用到老师这里盖章了，因为盖卡通图章的工作已经交给学生干部了。低年级语文书上每一课后面都有生字描红、仿写的练习，我发现老师们也基本不批阅。负责一点的老师采用盖章来评判，而相当多的老师则任由学生练习，不予评判。偶尔公开课，或者有其他老师听课时，老师们才会挑选个别学生的书本做些展示。语文老师是这样，数学老师也是这样。因为比较普遍，我便特意留心这个问题。

当我把自己的想法说出来时，很多老师有些不以为然，觉得我的观念有些陈旧、落伍。他们说用盖卡通图章的方式更符合时代潮流，起到的激励作用是一样的。其实不然，学生具有"向师性"，他对老师的一言一行都特别在意。在学生心中，老师是偶像，和明星具有同等效应。当学生捧着书到老师这里签"背"字，不亚于在明星、大腕前排队等待签名。另外，课堂上老师边巡视边批改，有一种即时激励效应。就拿语文课上，学生练习书写为例，在这种效应的作用下，学生往往会出现后一个字比前一个写得好的现象。长此以往，学生的书写习惯以及书写水平都会显著提高。

传统不一定意味着过时。老师们，拿起你手中充满魔力的红笔吧，课堂里，你在走动时，随时打下的一个对勾，画下的一个五角星，签下的一个个"背""好""优"，犹如激励学生的一把把小锤，它们会轻轻地叩击学生的心灵，领着学生朝前走。

老师没有特长却带出了有特色的班级

　　好教练未必是好运动员，好老师未必需要样样精通。善于借力、懂得谋划又有定力的老师，即使自己很普通，也能带出有特色的班级。我们不需要你与众不同，我们需要的是你带的班级、学生与众不同。

——题注

　　从教 20 多年，我遇到了一大批特别优秀的老师，其中一些老师给我留下了特别深刻的印象。我先向大家介绍三位，然后再和大家分享一点我的看法与感受。

　　孙老师是一位其貌不扬、体型稍胖的数学老师。从我们共事的第一天起，她就一直教着两个班的数学兼任一个班的班主任。孙老师五音不全，除了会教数学，也没有什么特长。学校提出"班班有特色"的创建计划后，她一直在琢磨自己所带班级搞一点什么特色呢？经过反复筛选后，她借助班级里的家长资源，提出创建"音乐特色班级"。她以"乐队"这一组织形式，把班级学生引导到学习架子鼓、电子琴、贝斯、吉他等乐器上。没想到，在她的组织引领下，在家长的支持帮助下，这个班级的乐队成了全国赫赫有名的一支小学生乐队。乐队两次登上中央电视台的舞台，先后和林志颖、费翔、齐秦等明星同台演出，乐队鼓手还成为一家世界著名架子鼓生产商的代言人。

龚老师是一位身材娇小的小学语文老师，接手了一个一年级新班，而任教她们班的体育老师彭老师是一名业余乒乓球高手。两人一合计，决定创建"乒乓球特色中队"。她们把每周的四节体育课拿出一节专门来练习打乒乓球，不仅自编了一到六年级的教材，还规划好了六年的各项乒乓球赛事活动。为了确保孩子们每天有一定的练习时间，龚老师和班级体育老师经常利用课间十分钟、大课间活动时间组织孩子们打乒乓球。六年下来，这个班级不仅学生体质好，人人会打乒乓球，而且拿遍了学校、区域内所有乒乓球赛事的小学组冠军。

聂老师是一位语文老师兼班主任，她喜欢从小学一年级开始带班，直至把孩子带到小学毕业为止。为什么喜欢六年大循环带班呢？原来，她特别爱好阅读。她带班教语文，除了教教材外，有一套自己多年摸索设计的阅读阶梯。六年下来，她所带的班级学生，课外阅读量非常巨大。除了阅读课程标准规定的小学阶段的篇章外，还把七至九年级要求阅读的课外书安排在小学六年里完成。不仅如此，她还领着孩子们诵读经史子集等。六年下来，他们班级的孩子个个钟爱阅读，以书为友。初中老师特别喜欢接任她的班级。

以上三位老师，是我在从教经历中遇到的众多老师的代表。她们其实也很普通、平凡，但奇怪的是，她们在家长中的口碑特别好。每年暑期一年级新生分班，家长都会通过各种渠道打听、托付，希望把孩子放到她们的班级中去。为什么她们自己并非十八般武艺样样精通、多才多艺，却能带出那么有特色的班级呢？究其原因，主要有以下三个方面值得我们思考与借鉴。

第一，要学会借力。现如今的学校、教育与过去不可同日而语。现今的社会、家长资源也远比过去丰富得多。学校、教育并非一座孤岛。凭借一己之力就能成功的时代已经过去。作为班主任、学科老师，我们要善于学会借力，借校内其他任课老师的力，借家长的力，借社会的力。上面的孙老师、龚老师就是巧借了家长、班级任课老师的资源，才成就了"特色班级"的创建，成就了班级里的每一个孩子。

第二，要善于谋划。新接一个班级，如何让自己接的班级，几年之后烙上属于你的带班风格，带班特色，带班文化？接手之前，接手初期，一定要善于谋划。多和同班级的其他任课老师商量商量，多听听孩子们的愿望心声，多和家长一起沟通交流。有谋划地带班和浑浑噩噩地带班，几年以后结果是完全不同的。我相信，善于谋划的班主任、老师，所带班级的学生，一辈子都不会忘记你给他们留下的烙印。

第三，要坚持不懈。要让自己所带班级有特色，凡事三分钟热度可不行。一定要有持之以恒的定力与耐心。接手一个新班，短则两三年，长则五六年，最重要的是认准一个目标，坚持不懈。不要想"立竿见影"，不要想"一蹴而就"，不需要长久努力的成果往往是廉价的，而真正能打动人心的东西，必定是长久沉寂后的"一鸣惊人"。

在多元化时代，选准一个方向，创建班级特色是一条路子，也可以"百花齐放"，根据班级孩子的个性发展特点，创建多元化的班级特色。亲爱的老师，怎样让自己成为别人惦念的老师，怎样让自己成为别人心心念的"遇见你是人生幸运"的老师？很简单，向孙老师、龚老师、聂老师学习，做一名像她们那样善于借力、懂得谋划又有定力的老师。要做一名好老师，班主任工作或者学科教学工作，你必须有一样能拿得出手。

学生喜欢有趣的老师

王尔德曾经说："这个世界上好看的脸蛋太多，有趣的灵魂太少。"如果你碰到一个有趣的人，请一定要珍惜。王小波说："一辈子很长，就找个有趣的人在一起。"慕容素衣写过一本《一辈子很长，要和有趣的人在一起》。他们都在谈论"有趣"，看来简单的"有趣"二字，真正做起来并不是一件容易的事。什么样的人是"有趣"的？简单说来就是睿智、诙谐、真性情、可爱的人。人与人交往，我们喜欢和有趣的人在一起，同样道理，师生之间，学生也喜欢和有趣的老师在一起。

在我们学校，有位俞老师，是学校大队辅导员。只要和学生在一起，她总是嘻嘻哈哈、没大没小的。看学生在前面走，她会蹑手蹑脚、悄无声息地赶上去，大叫一声或猛拍一下学生肩头，接着，校园里便会传来她和学生哈哈的笑声。一年级新生初次走进校园，常常有哭闹的，她会奔过去，蹲下身，对孩子说："别哭，别哭，姐姐带你去玩。"六一儿童节的舞台上、休学式上，她总能用自己风趣幽默的话语、卖萌的姿态吸引孩子们专注地参与。下课时，学生喜欢和她勾肩搭背、追逐嬉戏；上课时，她又像有魔力似的，活泼中不失威严。虽然早已过了而立之年，但她依然像个还没有长大的"活宝"。嬉笑、阳光、充满朝气与活力的她，走到哪里都能带去轻松愉悦的气息。如果学校里要选一位最受学生欢迎的老师，非她莫属。

学生为什么这么喜欢俞老师？因为俞老师是个有趣的人。俞老师虽然已过而立之年，但她和学生在一起时的言行举止、穿着打扮，始终给学生一种"姐姐"般的亲近感。这种模糊的年龄界限折射出的是她"永葆童心"。俞老师之所以受学生喜欢，是因为她拥有一颗不老"童心"。随着年龄增长，我们的容貌总会改变，面颊不可避免地要松弛，但有两样东西可以不用长大——童眼和童心。作家陈祖芬曾说："人总是要长大的，可眼睛不要长大；人总是要变老的，可心不要变老。不长大的眼睛是童眼，不变老的心是童心。童眼发现的是新世界，童心诞生的是新宇宙。老师以自己永不变老的童心去撞击儿童之童心，童心和童心的撞击，能创造最精彩最神圣的教育。"

除了拥有一颗不老"童心"外，做个有趣的老师还需要有幽默感。美国著名教育家保罗·韦地博士花了40年时间，收集了9万多名学生所写的信，内容是他们心目中最喜欢的老师。据此，保罗·韦地博士概括出作为一名好教师的人格魅力的12个方面。其中"幽默感"就是极其重要的一个方面。我们国内也有机构对"最受学生欢迎的老师"这一问题进行过相关调查分析，得出六大受学生喜欢的老师的特征，其中排在首位的是"幽默诙谐"。国内外的研究表明，学生喜欢讲课生动风趣、幽默活泼的老师。学习本身是一件苦差事，如果老师善于把这些枯燥乏味的知识通过幽默诙谐的语言讲授给学生听，不仅能降低学习的难度，而且有利于学生学习兴趣的激发，甚至会对学生一生产生重大影响。因为老师上课幽默风趣，深入浅出，对学生一生产生巨大影响的例子举不胜举。口乃心之门户，相随心生！当老师的千万不能一脸死相，做气氛和情绪的破坏者，一定要提高自己的口头表达能力，并且让自己的语言充满"喜感"，用幽默风趣的话语让枯燥乏味的学习变得有意思，成为一种享受。

　　学生喜欢有趣的老师，我们就要朝着有趣的方向努力。老师做久了最容易犯的毛病就是成天板着个脸，端着一副"师道尊严"的架子。脸板久了，笑容就少了，架子端久了，人就自然、随和、放松不下来了，心也就慢慢老了。所以，教育系统有个很奇怪的现象，许多小学女老师年龄一过 50 岁，许多小学男老师年龄一过 55 岁，就一副"老态龙钟"相。这类老师，我们只要一看他的走路相，说话样，大概就能判断他是不是一个有趣的人。

　　按理说，天天和小孩子在一起，天天跟这个世界上最干净的两样东西——童心、童年打交道，人的心理年龄应该远远小于实际年龄才对。做一个有趣的老师，需要我们呆萌一点，大智若愚一点，乐呵一点，只有这样，我们才能成为孩子喜欢的老师。"一辈子很长，要和有趣的人在一起。"学生求学之路很苦，希望他们都能遇到一群有趣的老师。

素养四 沟通力

　　洛克菲勒说："假如沟通力也是糖或咖啡一样的商品的话，我愿意付出比任何东西都珍贵的价格来购买这种能力。"我认为，沟通力之高下，比沟通技巧更重要的是沟通时能否站在对方的立场看问题。北宋程颐曾说："临事肯替别人想，是第一等学问。"我们在与他人沟通时，如果能站在对方的立场，从对方的视域看问题，一切矛盾都将迎刃而解。

老师，道个歉有那么难吗？

　　人的格局是由委屈撑大的。老师，如果我们说错了、做错了，勇敢地向学生、家长道个歉。这不是丢脸的事，不会有失您的尊严，相反，会更加凸显您的光辉形象。

——题注

　　"你凭什么打我孩子？"

　　"我没有打你孩子！"

　　"你今天不承认、不道歉，我就去教育局上访！"

　　"脚长在你身上，去呗！谁拦着你了。"

　　"老师，你是老师。你打了我，在校长面前为什么不敢承认？"

　　"谁能证明我打你了？"

　　……

　　因为学生犯了错，老师打了学生一巴掌。家长带着小孩，要求老师当着校长的面道歉。老师始终也不承认自己有错。家长和老师在我办公室，任由我怎么劝说，谁都不愿意离开，非得给个说法不可。劝说一个多小时，口干舌燥的我满嘴苦涩。左右为难的我，一个多小时中，稍有一两句话语不当，家长便会觉得校方在祖护老师，老师便会觉得校长好像在帮家长，没有维护老师的尊严。每次当面处理家长和老师的矛盾，身处尴尬无奈、剑拔弩张的场景中，比在油锅上煎熬还难受。

从教近30年，我能感觉到，现在的家长和二三十年前的家长没法比。记得20世纪90年代初，家长把孩子交给老师时，说得最多的就是："老师，孩子交给您了，如果不听话，您尽管打。我不会怪您的。"家长对老师绝对的信任，把孩子交给学校、老师，一百个放心。家长对老师也特别敬重。而现在呢？随着家长维权意识的增强，法制意识的增强，再加上普遍比较溺爱孩子，连老师批评重一点，家长都要计较，哪里容得了老师打孩子？

社会在进步，生活水平在不断提高，但人与人之间的信任却在降低。信任危机、信任体系的瓦解同样也投射在教育领域。不知从何时起，家长对老师、学校、教育的信任体系已经被破坏，教育的生态环境不是在好转，而是在恶化。受"医闹"启发，现在许多家长动不动"学闹""校闹"。而且借助媒体、自媒体，很小的一个矛盾、一件小事，都可能成为一个大新闻、大事件。

我这样比较，没有恶意中伤现在家长的意思。客观地说，家长对老师、对学校还是理解、支持的多，真正喜欢小题大做、"鸡蛋里挑骨头"的毕竟是极少数。我把话扯开去说以上这些，想说明一点：社会大背景在变化，民主意识、法制意识、维权意识在增强，我们必须与时俱进，否则，必定会自取其辱。

在教育教学过程中，老师难免会出错。面对怎么启发也不开窍的孩子，面对成天惹是生非的熊孩子，面对三天两头不做作业的后进生，面对谎话连篇却面不改色的问题孩子，老师难免会生气、激动，甚至情绪失控，说出过激的话语，做出有违师德师风、教师行为规范的举动。如果真的说错了、做错了，我觉得诚恳地向学生、家长道个歉，绝大多数家长还是能谅解的。人非圣贤孰能无过？更何况我们是普普通通的老师。

在沟通、协调、调解家长和老师之间的矛盾过程中，我发现导致矛盾激化的许多事例，都是老师不愿意承认过错引起的。老师们为什么不愿承认过错？不外乎以下一些原因：一是觉得家长"忘恩负义"，老师对他孩子的99个"好"没有记住，偏偏拿一个"不好"为难、刁难老师；二是觉得家长小题大做，成心和自己过不去；三是面子上过不去，觉得如果承认了过错，在孩子面前没了威信；四是不觉得有错，坚持自己说的、做的没有违纪违法，不至于道歉；五是固执，不撞南墙不回头。

我时常想，家长不到万不得已，一般不会和老师撕破脸皮，到学校里告老师的状，因为他的孩子在你门下学习，他一定会权衡利弊得失的。既然找上门来了，一定是忍无可忍了。其次，我觉得家长到学校来告状，寻求处理矛盾，这说明他是想解决问题的，对学校还是信任的。倘若家长对学校不信任，他完全可以直接投诉至教育局、媒体。因此，如果老师和家长的矛盾已经发展到要学校出面交涉了，我觉得老师要善于找台阶，表个态。如果真的有过错，要勇于道个歉。在勇于认错与百般掩饰之间，我敬佩敢于担当的老师。

当然，在家长的投诉中，也确实存在无中生有、小题大做的情况，也确实存在"说者（做者）无意，听者有心"的情况。遇到这类情况，最好的解决策略是平心静气地沟通。任何误会、误解都是信息不对称，缺乏沟通造成的。面对气势汹汹的家长，我们不妨高风亮节先表个态：如果老师错了，一定赔礼道歉。然后，再心平气和地和家长进行交流、沟通。经过交流、沟通，当家长发现是自己误解了老师，一般情况，会对老师更加敬重。

当家长和老师之间出现矛盾激化，我相信，事情本身不会像家长讲的那么严重，也不会像老师描述的那么轻描淡写。就像《小马过河》里的"河水"，既不会像松鼠说的那么深，也不会像老牛说的那么浅。既然家长找上门来了，我们就要敢于直面问题。老师是吃"开口饭"的，与家长进行良好的交流、沟通，本来就是老师应该具备的一项能力。

人的格局是由委屈撑大的。被人误解的时候微微一笑，是一种素养；受委屈的时候坦然一笑，是一种大度；无奈的时候达观一笑，是一种境界；被轻蔑的时候平静一笑，是一种自信。

老师，如果我们说错了、做错了，勇敢地向学生、家长道个歉。这不是丢脸的事，不会有失您的尊严，相反，会更加凸显您的光辉形象。

如果你是校长，会怎么处理？

你没有看到，不等于别人不曾为你努力过。在处理你和家长之间的矛盾、冲突时，你以为你很难堪了，没准校长比你还难堪。如果没有你的不当行为，你和家长间的矛盾是用不着校长来化解的。你当下的难堪，一定是先前的不足累积所致。

——题注

家长背着老师，建了一个班级微信群。因为这个群里没有老师在，他们交流中也就少了许多顾忌。班级里发生的一些鸡毛蒜皮的事，经过孩子的描述，家长们都将其发到微信群里；老师在学生试卷、家校联系册上偶尔写的一两句气话，都被拍成照片放在群里。这些东西，日积月累，被一名爱挑事的家长，全部搜集整理汇总在一起。有一天，因为老师处置一件事情不够妥当，导火索被点燃了，火山爆发了。家长串联在一起到学校闹事，威胁着要投诉，要诉诸媒体。条分缕析家长的十多条"诉状"，我们发现，有一些确实是老师不对。为了化解矛盾，我们把这个班级的老师叫到会议室，直面家长的投诉，希望老师能正视家长的意见，向家长诚恳地表示歉意。

在多方调解下，总算平息了家长的"教闹""校闹"。但当事老师觉得自己受委屈了，私下里说，校长眼里只有家长，偏心，不给老师面子，把教师的尊严踩在脚下。从此，与校长形同陌路，仿佛有血海深仇。其实，我们换位思考一下，如果你没有错，如果家长不串联闹事，校长会找你来直面问题吗？如果你对自己的失当行为不表达歉意，事情能化解吗？如果家长把本来学校能解决的事情诉诸媒体、向上级投诉，你是不是承受的压力会更大？一句话，如果没有家长"教闹""校闹"，校长会和你"结仇"吗？这么一想，你不就释然了吗？然而，工作中，我发现有许多老师不能将心比心、换位思考，更有一些老师"钻进死胡同"，怎么也不愿意出来。

写这篇文章，我的目的是想和老师们探讨交流一下如何处理好"自己与管理者"之间的关系。不知从什么时候起，老师和校长，或者说老师与管理者之间的关系，变得好像很糟糕。网络上、自媒体上，在讨论评先评优、职称晋升、工资福利等问题时，因为是匿名留言、评论，很多人都把矛头指向校长、学校管理者，总觉得校长、管理者把好处据为己有，把机会给自己的什么亲信好友了等等。好像校长、管理者都是一群猥琐的人，只有自己去做校长才是最合适不过的。看到这样的留言、评论，我时常会有一种悲哀感涌上心头。我们不排除有个别人是通过走关系当上校长的，我们不排除个别校长是任人唯亲、为己图利的。但我们更应该肯定地说，大部分校长都是一心为学生发展，一心为教师发展，一心为学校发展的好校长。如果还不是，至少也是在朝着这个方向努力着的。就像"学而优则仕"那样，很多校长都是从优秀教师中选拔出来的。现在许多人都喜欢臆想、意淫别人。教育系统中，校长就是被臆想、意淫最多的"坏分子"。

说这么多，话有些扯远了。还是回到如何与校长、管理者处理好关系的实质问题上来。我们生活在一个集体、团队中，同事之间、老师与管理者之间不可避免存在着千丝万缕的关系。处理这些关系的根本：尽量不给别人添麻烦。我始终认为，做好本职工作，不给别人添麻烦是基础。如果在此基础上，还能为集体、团队添光彩，那么你在处理人际关系中又迈上一个更高的台阶了。如果不仅能为集体、团队添光彩，还能让集体、团队感觉到离不开你，你具有不可替代性，这时候你会发现处理起各种关系来，更轻松自如了。

谈论这个话题，不是要让你去学习"厚黑学"，花心思研究人际关系。我觉得不论处理同事之间的关系，还是与上级之间的关系，最好的做法就是多换位思考，将心比心多从别人的角度来想一想。许多老师为什么在单位里和同事、上级之间关系僵化，或者说感觉不受领导待见？很大原因是没搞明白自己为谁工作。按照为人处世的境界来说，一般可以分为这么五个层次：一是我想要奖赏，二是我想取悦某人，三是我要遵守规则，四是我能体贴别人，五是我有自己的行为准则。老师，你处在哪个层次呢？工作中，我常常碰到这样的老师：他需要你不时表扬一下，如果长时间不表扬他了，他就会觉得校长对他有意见，不待见他，看不到他的付出。他工作的全部就是为了得到奖赏、取悦某人，这样的老师不仅自己心累，还让管理者感到心累。马云曾经说过："我们必须学会在没有鼓励，没有认可，没有帮助，没有理解，没有宽容，没有退路，只有压力的情况下，一起和团队获得胜利。成功，只有一个定义，就是对结果负责。如果你靠别人的鼓励才能发光，你最多算个灯泡。我们必须成为发动机，去影响其他人发光。"

平时，在和老师们的交流中，我经常听到一些抱怨校长的言语，说校长不帮助他，不关心老师专业发展等。每每听到这样的抱怨，我就会用这样一个浅显的例子提醒他：5000米长跑比赛，最后一个跑到终点的，没有鲜花，没有记者追着采访，更别说奖牌了。但你知道吗，对于他而言，也是拼尽全力奔跑的。同样道理，为了你的发展，校长、管理者如同最后一个跑到终点的运动员，也许他已经尽力了，只是没有让你得到一个好结果而已。你没有看到，不等于别人不曾为你努力过。

从教近30年，我在四所学校工作过，遇到过好几位校长，他们给我的共同感受是：恨不得你快速成长，成为顶梁柱。我不知道是自己幸运，还是天底下绝大部分校长都是这样的，他们巴不得你发展得越来越好，最好能"青出于蓝而胜于蓝"。回到文章开头的案例，我想对这位老师说："校长与你有仇吗？如果你是校长，你会怎么处理这个问题？如果你是校长，你觉得怎样做才算把你的尊严捧在手里了呢？"

拉拉扯扯，说这些，似乎还是没有切中核心话题——"如何处理自己与管理者之间的关系"，似乎没能给你一个明确的答案。但我相信，经过这番探讨，你一定会明白：其实校长和我们没有仇，他之所以让你难堪了，一定是你先让学校为难了。

让低于平均分的学生给全班道歉，不合适

以前我们强调"不论白猫黑猫，能抓老鼠就是好猫"，现在，我们还要思考学业成绩获得的成本问题，要关注"绿色"评价体系的建立。让分数低于班级平均分的学生上台道歉，不仅观念落后、行为粗暴，而且不符合绿色发展理念，应当立即予以纠正。

——题注

2016 年 7 月 4 日，网传昆明某小学一位一年级老师，让期末考试未达班级平均分的学生站上讲台，向平均分以上的同学和老师道歉，检讨自己"拖后腿"。看了这样的新闻，除了惊讶之外，带给我的是忧虑与思考。

第一，教育观念落后。十个指头有长有短，每个学生都是鲜活的个体。只要考试，一定会出现高低不同的分数。这是最基本的教育常识。另外，让分数低于班级平均分的学生上台道歉，这也不是挫折教育。如果连这些基本的教育常识都不懂，连什么是挫折教育都没搞明白，教育观念太落后了。第二，教育行为简单。让分数低于平均分的学生上台道歉，难道他下次就一定能考好吗？有这个时间，还不如把孩子叫到身边，和孩子一起一对一地分析扣分的原因，了解学生学习中存在的问题，给予方法指

导。这样的教育方式，教育效果要比简单的"上台道歉"好许多。另外，"平均分"是什么意思？"拖后腿"又是什么意思？恐怕一年级小朋友连这两个词儿都不懂。今天平均分是 96 分，95 分的就要道歉；明天平均分是 99 分，是不是 98 分的也要道歉了？用这种简单的处理方式来教育学生，不仅会伤害学生，会引起家长的不满，还会让社会对教育、对教师满是失望。第三，教育目标异化。举行期末考试的目的是什么？是诊断，还是甄别？期末测试对于教师而言，可以据此进行教学情况的得失分析；对于学生而言，可以了解自己知识掌握的情况以及能力水平状态。而现在，分数成了培养班级集体荣誉感的工具，成了所谓挫折教育的载体，成了所谓是否"拖后腿"的证明。

我们来讨论这个话题，不是为了炒作新闻事件，而是为了引发思考。说实话，拿平均分、优秀率、合格率等来衡量教师业务水平的高低，还是具有普遍性的。特别是在区域性统考、联考过程中，这种现象尤为突出。尽管深化课程改革推进十多年了，但应试教育的顽疾还是没有得到根本解决。许多地方还在盛行统考制度，统考必定会对区域各学校的平均分、优秀率、合格率等进行排名。为了不让自己学校的成绩排在后面，学校势必会把压力转嫁到老师身上。再加上，一个年级有许多平行班，平行班之间也存在着名次之争。因此，昆明这所小学的小张老师让平均分以下的学生道歉，除了老师的虚荣心、面子问题等因素在作祟，还折射出当前我们的评价体系相当不健全。课改推进十多年，评价改革一直是整个改革中最为薄弱与欠缺的。社会发展已经迈入信息时代、大数据时代，我们如何紧跟时代步伐，利用信息技术，通过数据分析，为每个个体提供精准的学业素养测评与分析，为每位学生开出精准的素养提升"偏方"，需要加快研究解决。

同时，我们还要思考学业成绩获得的成本问题。也就是说，我们在关注学业成绩的时候，更要关注学生的学业负担、睡眠情况、幸福指数等。换句话说，以前我们强调"不论白猫黑猫，能抓老鼠就是好猫"，现在则要关注"绿色"评价体系的建立。习近平总书记在重庆考察时指出，党的十八届五中全会提出了创新、协调、绿色、开放、共享的发展理念，对不适应、不适合甚至违背新的发展理念的认识要立即调整，对不适应、不适合甚至违背新的发展理念的行为要坚决纠正，对不适应、不适合甚至违背新的发展理念的做法要彻底摒弃。让分数低于班级平均分的学生上台道歉，不符合绿色发展理念，自然应当立即予以纠正。

微博里骂家长，教师缺什么？

　　微博里骂家长，教师不仅缺媒介素养、缺法规意识，更重要的是缺德行。我们希望这只是教师个体情绪化的一个孤例。

——题注

　　天下之大，无奇不有。2017 年，据《华商报》报道，榆林市某小学学生家长因为人在外地，不能替孩子打扫卫生，向老师请假，却遭老师"教育"。该老师竟然还将聊天记录发到网上，称对方为"2B 家长"。看到这样的新闻，真替该老师羞愧。

　　微博里骂家长 2B，教师缺媒介素养。这是一个自媒体时代，新媒介层出不穷。微博、微信朋友圈、QQ 群、微信群、微信公众平台等几乎到了泛滥的地步。为了方便与家长的联系，学校、老师都会建立各种群组。正所谓建群容易，维护、管理难。学校、老师在使用这些网络平台时，如果没有一些相应的规定、制度，很可能会陷入被动、尴尬，甚至下不了台的境地。国有国法，家有家规，各种家校联系的 QQ 群、微信群，也应该有相应的公约。哪些东西可以群聊，哪些东西只能单线联系，建立网络平台前，学校、老师一定要和家长商量好相应的公约，明确好相应的规矩，守护好相应的底线，并身体力行严格执行。这些网络沟通平台，应该成为探讨教育方法、发布信息、传递喜讯、传播正能量的广播站，而不应该成为发牢骚、打报告、进行人身攻击的出气筒。而使用公众平台时，一定要慎之又慎。自媒体时代，许多人都爱"晒一晒"。坐个车要晒一晒，吃个饭要晒一晒，更有甚者，自己做个面膜也要晒到微信朋友圈里，难看不说，还吓人。嬉笑怒骂、鸡毛蒜皮全公之于众，这种自我陶醉、全裸式的方式，其实是缺乏媒介素养的一种典型表现。在微博里骂家长，这是典型的媒介意识淡漠的表现，最后只会抱起石头砸自己的脚。自媒体时代，要有良好的媒介素养，要树立底线意识、规矩意识、谨言慎行意识以及自我保护意识等。就比如，当前低头族、手机控已经成为一种群体现象，但老师上课时就不能玩手机、接电话、发信息，甚至手机发出声响都不可以。虽然国家的法律法规里找不到相关的明文规定，但这是老师应具备的基本媒介素养。

微博里骂家长 2B，教师缺法规意识。随着信息技术的广泛应用，网络越来越发达、越来越强大之后，鱼龙混杂、真假难辨、泛滥成灾的海量信息，让我们难以适从。借助信息技术、网络平台，进行非法犯罪、网络欺凌、传播谣言等已经到了见怪不怪的地步。自媒体时代，我们要加强自律意识、法制意识。发布、传播虚假信息，利用网络谩骂、欺凌他人等行为都是要负法律责任的。在微博里骂家长，是自律意识、法制意识淡漠的一种表现。

微博里骂家长 2B，教师缺德行。该事件经媒体曝光后，该教师还辩称系口头禅。明明是脏话，还辩称是口头禅。脏话能成为口头禅，试问师德何在？翻看新闻报道，每年都会曝光许多反映教师师德师风问题的新闻。追根溯源，我觉得有一部分教师缺德行。虽然教师是千百个行业中的一种，但就其工作性质而言，它是整个社会精神文明的高地，它对人的德行要求尤为严格。德高为师，身正为范。没有良好的德行，是不能从事教师这一职业的。这几年，教育部连续出台了多项严肃师德师风的规定、禁令，但有悖师德师风，有损教师形象的事件仍时有发生。很重要的一个原因，是教师准入门槛低，重能力轻德行。另外，缺乏有效的退出机制，面对德不配位的老师，如果我们有强有力的退出机制，师德师风的规定、禁令就不会变成一纸空文，就能很好地内化为教师的自觉行为。

　　微博里骂家长，我们希望只是教师个体情绪化的一个孤例。但同时，它也警醒我们，信息时代应合规合法、适度使用各种网络平台。新媒介是一把双刃剑，用得好能产生蝴蝶效应，用得不好极有可能成为引发矛盾、纠纷的导火索。

手写家长信折射出的教育温情

教育不只是知识的传递、技能的获取，更重要的是师生、生生间群体生活时情感的激荡、真情的体验。

——题注

2016年11月，郑州一位90后班主任，在繁忙的教学间隙，手写54封家长信，耗时半个月，写了3万字，赢得一片点赞。信息社会，电脑时代，在这个凡事求快求简单的社会里，手写家长信，为什么社会会给予一边倒的点赞呢？

近年来，随着信息技术的不断革新，手抄报不用手抄了，弄个编辑软件，电脑自动会帮你排版设计。就连原本非常个性化的学生评语，都可以偷工减料，不用一个一个手写了，借助电脑里的评语模板，班主任只需花一两个小时，就能把全班几十名学生的评语"写好"。看着这些电脑打印的、似曾相识的评语，你有没有一种审美疲劳、厌倦感？在这个凡事求快求简单的社会，手写家长信，让我们看到一份久违的温情，看到了一种时代追求的"工匠精神"，一封封信传递的是教育的真情和感动。随着网络运用的不断普及，学校、教师与家长联系的方式越来越便捷，渠道越来越多。"教师还要不要家访"的讨论，经常成为教育系统内部一个热门话题。很多人认为，信息社会，网络时代，教师上门家访根本没这个必要。我对此持不同观点。车间流水线设施设备高度现代化的今天，为什么纯手工的西装依然备受成功人士青睐？一条纯手工围巾的价格为什么会是流水线生产的好几倍呢？手写家长信赢得一片点赞，反映了快餐文化背景下，人们对原生态的一种渴求。

手写家长信，高调表扬孩子的优点，温柔指出孩子的缺点，少则几百字，多达上千字。洋洋洒洒中写满了教师的爱，字字句句中透着教师的情。透过情真意切的书信，我看到了一位爱生如子的好老师。老师如果平时不深入学生中，不和学生打成一片，没有对学生细致入微的了解，是很难做到把54封信写得各不相同又实实在在的。手写家长信，为何能赢得一片称赞？因为它让我们看到了，社会对教师"静心教书，潜心育人"的一种期盼。何老师手写54封家长信，使我想起了史学泰斗何炳棣先生，他在回忆录《读史阅世六十年》中特别写到自己在南开中学时，老师给他写的评语"如能爱众亲仁，则美玉无瑕矣"，精确地指出他的缺点，令他终生铭记。手写家长信，折射出的是老师沉下心来做教育的一种情怀。

手写家长信，"笨办法"中还折射出一种"真"。用真诚的方式表达自己对学生的一颗真心，用真挚的话语表达自己对工作的一片真情。这种"真"实质是教育本质的回归。这种"真"向家长传递的是教师对工作的用心，对学生的用情，更主要的是折射出教师准确的学生观，即学生是具体的、鲜活的、各不相同的。随着信息化的不断推进，网络发达程度不断提升，很多人断言，学校会慢慢消失，我不这么认为。因为教育不只是知识的传递、技能的获取，更重要的是师生、生生间群体生活时情感的激荡、真情的体验。这恰恰是教育最为本质的内涵，恰恰是现代化社会、网络时代不能丢弃的。同时，我认为，让家长真切感受到教师的用心用情，也是改善教育生态，提升教育整体形象的一剂良药。

手写家长信，看起来有点"土"，但恰恰是信息时代的一种创新举措。看惯了印刷体，突然看到手写稿，那种亲切的感觉很美好。手写家长信，向我们传递出了比这件事本身更有价值的东西。它告诉我们，教育是一门充满智慧的艺术，我们在遵循教育规律、学生成长规律的同时，要善于运用一些新举措去革新一成不变、程式化的东西。一名 90 后，能根据自身特长，能根据自己带班的实际情况，创造性地采用手写家长信，这当中折射出的是年轻一代教师身上最为可贵的创新精神。

台灯下、课桌前，手写体、家长信，半个月、3 万字，54 封手写书信，是冬日里的一股暖流，也是一束光。这股暖流，这束光，一定会带给我们思考，一定会照亮前方的路。

恭喜你，遇到棘手的问题

> 华佗遇见昏迷的醉汉，发明了麻沸散。老师遇见棘手的问题，或许是成就名师的良机。与疑难杂症打交道，对于医生来说，虽然很苦恼，但这是锻炼良机。同样道理，与特殊学生、家长打交道，对于老师来说，正是成长中可遇不可求的良机。
>
> ——题注

华佗是我国古代杰出的医学家。那时候，没有麻醉药、麻醉针，他给病人做手术时，病人往往疼得拳打脚踢，华佗只好把病人的手脚捆起来。看着病人痛苦的样子，华佗十分心疼，可又找不到好的办法。一次，几个人抬着一个喝醉酒的汉子来求医，因为病人处于昏迷状态，华佗为他接骨十分顺利，手术过程中，病人既不挣扎，也不呻吟。华佗想，如果能制成这样一种药，手术前让病人吃下去，令其失去知觉，再动手术，不就可以减轻病人的痛苦了吗？后来他搜集草药，配制药方，反复试验，终于发明了麻醉剂——麻沸散。

这个传说是否属实，现在无从考证。讲述这个故事，我想说的是，华佗发明麻沸散，还真得要感谢那位喝醉酒的汉子。如果没有受到昏迷醉汉的启发，也许发明麻沸散的就不是华佗了。医生与病人打交道，为病人医治疾病；教师与学生打交道，为学生医愚、启智。在从教历程中，我们经常会遇到品行顽劣、心智与同龄孩子相去甚远的学生；经常会遇到自以为是，在教育子女上极不负责的家长。许多老师遇到这类学生、家长，常常怨天尤人、唉声叹气，以为是一件倒霉的事儿。殊不知，在国家实行划片招生、就近入学、特殊儿童随班就读的大背景下，遇到特殊学生，是一件常有的事。虽然同样是吃五谷杂粮长大的，但人的气质类型、性格类型、家庭环境、接受教育的背景是千差万别的，因此，遇到个别另类的家长，同样也是正常的。

如果遇到特殊学生，我要恭喜你，你拥有别的老师所没有的锻炼机会。这不是幸灾乐祸，这不是阿Q精神。只要你情态上不采取放弃的姿势，只要你拥有教育的情怀，你一定会想方设法帮助他。要帮助他，一定会促使你去学习相关类型学生的教育策略，一定会促使你去找寻前人的有关经验，你一定会尝试着采用一些特殊的方式方法教育他。久而久之，你便会积累起有关这类特殊学生的教育经验。这些教育经验对于一名教师而言，是最宝贵的财富。医生在与疑难杂症打交道中，积累起丰富的医学案例，再从成千上万的医学案例中，提炼出疑难杂症的攻克对策。同样道理，教师在与特殊学生打交道的过程中，累积经验，找寻特殊学生的教育策略。倘若一名教师从教生涯中，总是与一类学生打交道，其实，他的教育经验是极其不丰满的。譬如一辈子都在某个区域内的重点高中执教，每教一届，接触到的学生全都是该区域内最优秀的学生，这些老师，他们的教育教学经验往往都是比较片面的，他们的教育教学方式方法往往只在某类学生身上起作用。生活中，我们常常听到这样的例子：重点高中的某些名师被高薪聘请到一些薄弱学校后，结果出现了"水土不服"的现象。为什么会这样？究其原因，或许与他们过往教育经历中长期没有和薄弱学生打过交道有很大关系。问题即课题，问题即教育资源。从这个意义上说，从教过程中遇到一些品行顽劣、有自闭倾向、有暴力倾向等问题的特殊学生，表面上看，是一件劳心费神的倒霉事，但换一个角度来看，或许这是丰满我们教育经验的一个良好契机。人们常说"每个孩子都是上帝派来的天使"，如果我们能做个有心人，把自己教育特殊学生的方式方法、经历经验记录下来，整理出来，说不定就是填补某个领域的伟大著作呢。华佗遇到昏迷的醉汉，发明了麻沸散，你遇到特殊学生，或许是成就辉煌教育人生的契机。这样一想，我是不是应该恭喜你呀？

同样道理，遇到特殊家长，或许也不是一件坏事。学校不是孤岛，教育需要家校携手。没有家长的参与、配合与支持，班级管理、学生教育都会出问题。在与家长打交道的过程中，我们会遇到形形色色的家长。偶尔遇到几位特殊家长，是很正常不过的一件事。遇到这类家长，既然已经无法回避，就必须认真面对。要面对，必然会有矛盾与冲突。要解决矛盾与冲突，势必会促使我们去学习与思考。矛盾与冲突来自不信任，我们去重构相互间的信任体系；矛盾与冲突来自误会，我们想办法消除误会；矛盾与冲突来自观念不同，我们去调适认识间的差异；矛盾与冲突来自偶发事件，我们努力把偶发事件的危害降到最低。班级小集体，教育连着的是大社会。人世间的家国情仇，随着时间的推移，都会有化解开的一天。老师和家长之间，原本无冤无仇，是因为孩子的教育才联系在一起的。再特殊的家长，在"都是为了孩子好"这个大前提下，都能一起携手。这种基于问题的学习与思考，会让我们日有精进。教师的家校沟通能力，可在与形形色色的家长交往中不断提升。只要我们有足够的胸怀包容家长，再棘手的家长都不是问题。从某种意义上说，胸怀大小，决定着遇见特殊家长的多少。对于大肚能容的老师来说，再特殊的家长也不特殊；对于小肚鸡肠的老师来说，稍微特别一点的家长都是奇葩。

华佗遇见昏迷的醉汉，发明了麻沸散。老师遇见棘手的问题，或许是成就名师的良机。正因为如此，我要恭喜你，遇到棘手的教育难题。

转移注意力，未尝不是一种策略

　　转移注意力，距离产生美，相看两不厌；转移注意力，空间产生爱，放手给彼此自由。因此，转移注意力，不是不闻不问，放弃学生，而是换一种关注的方式，换一种教育的策略。

——题注

　　新学期，接了一个一年级新班。刚从幼儿园上来的孩子，想要让他们专心上课，可不是一件容易的事。因为就近入学，班里有几个特殊儿童，再正常不过的了。我就遇到一个让我很头大的小男孩。这孩子一点儿规则意识都没有，分不清什么是上课，什么是下课。课堂上，他总是我行我素，让他安静下来、坐端正，他总会一脸疑惑地问："为什么要坐端正？"钻桌子底下，上课随意走动，想喊叫就喊叫……只要老师一提醒他，他就骂老师。为了让他能参与学习，我经常把机会给他，让他站起来读一读、说一说，希望通过这种方式，慢慢让他步入正轨。但他完全不理解老师的好心，只要他不想说的时候，你叫到他，他就会怒目圆睁、紧握拳头，一副想和老师打架的生气样。面对他，我就像一只老虎面对一只竖起刺儿的刺猬，束手无策。他成了我每天关注的焦点，因为他，我常常无法完成每节课预定的教学计划。在他面前，我发现自己每天的好心情、耐心的品性被碾压得粉碎。

开学一个多月，每天一到学校，我的脑瓜子马上进入"我的眼里只有你"的模式，但一个月下来，这个"小屁孩"似乎一点变化都没有。我知道，这样下去，不仅这个孩子好不了，我恐怕也得崩溃。我开始调整策略，试着转移对他的关注，故意"忽视"他。"放下"他以后，我上课中断的现象没有了，自己心情也舒畅多了。他见大家都不再关注他了，慢慢感到无趣了，偶尔能听一听老师上课了。我也偶尔冷不丁夸他一下，说他进步了。没想到，当我把注意力从他身上移开时，他获得了自由，我也得到了超脱。一学年下来，虽然他依然是班级里最落后的，但他基本有了规则意识。他没有因为落后而讨厌上学，偶尔幼稚的他还会冷不丁从身后抱住我，一副和我特别亲热的样子。

从教育这个孩子的过程中，我突然悟到了一个道理：转移注意力，未尝不是一种教育的策略。不知道大家有没有这样的体验与感受：刚学会骑自行车的时候，路中间有一块砖头，我们想避开它，可自行车就像着了魔似的，偏偏朝着它压去。为什么会这样？因为我们心里念着它，眼里只有它，车轮自然就朝它去了。

我们从教过程中，一定会遇到一些特殊儿童、落后学生。这类学生，时常成为老师关注的重点，同学们议论的焦点。你越催他，吓唬他，责备他，他就会越糟糕。就像张文亮写的《牵一只蜗牛去散步》，蜗牛只能爬那么快，你再怎么着急也没有用。有的时候，放开蜗牛，你独自去溜达一圈，望望远方，看看蓝天，抚弄抚弄路边的小花小草，再回来时，你会惊讶地发现：呀，不看它的这会儿工夫，蜗牛其实爬了不少路哩。

做父母的都有这样一个体会：自己天天和孩子在一起，感觉不到孩子在长高，但亲戚朋友几个月没见着孩子，哪一天突然碰见了，一定会惊讶——呀，几个月不见，孩子长高这么多了。生活中的这类经验、现象，都向我们传递了一个道理：转移注意力，既是一种为人处世的技巧，也是教育教学的一种策略。

对于班级里一些特殊学生、薄弱学生，有的时候，我们过于关注，反而会适得其反。同样道理，对于孩子身上的缺点、不足，如果我们盯着不放，反而会不断强化、放大。转移注意力，表面上好像是"放下""不管不问"，其实是换一种策略。它给教育者与学生一个适切的距离，让彼此不再每天都剑拔弩张；它给教育者与学生一个更大的空间，让彼此都能放松，有一个自由回旋的余地。转移注意力，距离产生美，相看两不厌；转移注意力，空间产生爱，放手给彼此自由。因此，转移注意力，不是不闻不问，放弃学生，而是换一种关注的方式，换一种教育的策略。

不要把认知冲突上升为情感冲突

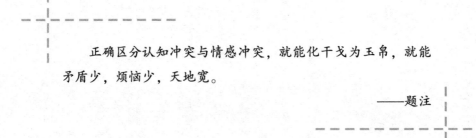

正确区分认知冲突与情感冲突，就能化干戈为玉帛，就能矛盾少，烦恼少，天地宽。

——题注

彬彬是父母双方都是海归的一年级新生。入学才一个多月，家长就多次到学校，找老师"兴师问罪"：一会儿对老师在班级里设置小红花竞赛栏有意见，认为这是对落后者的一种歧视；一会儿对课堂常规提出异议，认为不应该约束小孩子在课堂上随意走动，纪律是压抑学生自由生长的紧箍咒……一个多月下来，家长和孩子所在班级的老师彻底闹僵，尤其是对孩子所在班级的班主任的抱怨到了不可调和的境地。作为校长的我，不得不出面调和，在听双方陈述的过程中，家长一边哭诉，一边歇斯底里地谩骂，越说越离谱。我见家长情绪如此激动，生气地说："你作为一名海归，高级知识分子，怎么可以把与老师认知上的冲突上升为情感上的冲突？你和老师原本并不认识，无冤无仇，为什么短短一个多月，就把教育你孩子的老师当作仇人一样？你们之间不就是因为双方对小学教育的观念不同，产生了分歧、误会、误解嘛，对认知冲突为什么要上纲上线，上升为情感冲突？"或许是我说到了家长的痛处，或许是一针见血道出了双方冲突的根源所在，家长一下子愣住了，并且慢慢冷静下来。后来，在老师的多次沟通下，家长开始慢慢转变观念，愿意从自身教育子女的方式上进行反思，愿意和老师探讨自由与规则问题。这件事给了我很大的触动，在平常的学校管理工作中、教育教学中，人与人之间对立、矛盾激化，往往是将认知冲突上升为情感冲突引起的。

不要把认知冲突上升为情感冲突，对于我们处理家校之间的矛盾显得尤为重要，尤其是经常与家长打交道的班主任，更要把握好分寸。就拿班级学生排座位这件事来说吧，许多家长在孩子的座位问题上，非常关注，希望孩子坐前面一点，希望不要和好动、顽皮的孩子同桌，希望不要坐教室两侧的座位上等等。家长向班主任提出的要求，满足了还好，一旦他们的要求没有得到满足，家长就会臆想：是不是因为我没有给老师送礼？是不是老师对孩子有成见？……家长的这种臆想，如果在心里放久了，慢慢地就会从认知冲突转变为情感冲突。一旦有机会释放，他就会借助自媒体、网络平台、投诉等方式夸大其词，添油加醋妖魔化老师，从而达到自己解气，老师被诋毁的目的。我们当老师的，在处理家校间关系时，一定要善于区分认知冲突与情感冲突，要洞悉矛盾、纠纷等表象后面的实质原因。要防微杜渐，及时化解家校之间的认知冲突，不要让认知冲突淤积在家校之间、家长与老师之间。

不要把认知冲突上升为情感冲突，对于我们处理师生之间的关系也十分重要。近年来，经常有师生间的矛盾冲突事件见诸新闻媒体。深究这些事件背后的真正缘由，我们会发现，许多矛盾冲突，都是由认知冲突引起，逐步上升为情感冲突的。学生要带手机上学、进课堂，老师不准、不让；学生要酷留各种潮发型，老师一刀切，要让学生中规中矩；学生拖欠作业，老师顶真非要改掉学生拖欠作业的不良习惯；等等。这些事情，站在学生的角度与站在教育工作者的角度看待，会出现两种截然不同的态度。不同的态度，严格意义上说，其实是认知冲突。但为什么最后会演变成情感冲突呢？主要是因为冲突一方是年幼、心智尚不成熟的学生。孩子不认为你禁止带手机是为他好，不认为发型怪异会影响学习，不认为拖欠作业是什么大事。这时候，如果教育者过于强势，教育过程过于简单粗暴，学生很快就会把认知冲突上升为情感冲突，对施教者充满敌意、仇恨。在师生这对关系中，老师要有清醒的意识，要善于区分哪些是认知冲突，哪些是情感冲突，更重要的是要预防学生将认知冲突上升为情感冲突。

不要把认知冲突上升为情感冲突，对于处理老师与同事之间，老师与学校管理者之间的关系也非常重要。在日常的教育教学以及学校管理中，我发现一个很奇怪的现象：有些老师总会把别人的善意提醒，误解为别人对自己有成见，和自己过不去。上午第四节课多排了他两次，他就认为教导主任在刁难他；听评课，大家说了一些尖锐的批评，就认为大家瞧不起他，从此再也不上公开课；家长气势汹汹地找到学校，要和老师理论，校长出面协调解决，当着家长的面，对老师的错误提出批评，就认为校长偏袒家长，把教师的尊严踩在脚下，从此，对校长不理不睬。凡此种种，其实都是误把认知冲突当情感冲突了。大家在一起共事，组成一个集体、团队，走在一起是缘分，偶尔有一点小摩擦，其实很正常，牙齿偶尔还咬到舌头呢，更别说我们人与人之间闹一点小矛盾了。有的老师，就是混淆了认知冲突与情感冲突，才有那么多怨气，那么多烦恼。其实，大家在一起工作，哪有那么多恩怨情仇？关键是要认清认知冲突与情感冲突，想明白了，情态就调节好了。

不要把认知冲突上升为情感冲突，说起来容易，做起来难。倘若我们不能理性、理智地看待这个问题，往往会自寻烦恼，自找苦吃，自吞恶果；倘若我们能经常冷静思考，加以辨析，就会大事化小，化干戈为玉帛。

学生是什么?

陶行知说:"你的教鞭下有瓦特,你的冷眼里有牛顿,你的讥笑里有爱迪生。"亲爱的老师,善待每一位学生吧。善待学生,不仅需要我们用发展的、多元的眼光看待学生,也需要我们用包容的胸襟去面对孩子成长中的一些过错,还需要我们有大格局去面对"鸡毛蒜皮",更需要我们谨小慎微面对每一个孩子。

——题注

"学生是什么?在有远见的老师眼中,他们是提前十年与你认识的演艺明星,他们是提前二十年与你认识的博士生导师,他们是提前三十年与你认识的商界巨子,他们是提前四十年与你认识的国家领袖。"这是浙江省优秀班主任朱永春老师说的。我特别喜欢这样的定义学生的方式。

朱老师对学生的定义,让我想到了两句话:用发展的眼光看学生,用多元的视野看学生。这个世界上有两样东西是我们不可预测的。一个是"未来",一个是"学生"。今天淘气顽皮的"小屁孩",没准就是明天叱咤风云的将军、领袖;今天一见数字就头晕犯困的"黄毛丫头",没准就是明天炫酷舞台上的明星、主持人。你有没有发现,学校艺术节的舞台上，那个酷酷的街舞小子，就是语文学习上，让你头疼的后进生！你有没有看到，运动会上那个一马当先的百米冠军，就是数学考试经常不及格的薄弱生！

曾经在网络上看到这样一段话：在新教师上岗前的培训会上，一位校长语重心长地对新教师说，考100分的学生你要对他好，以后他会成为科学家；考80分的学生你要对他好，他将来可能和你做同事；考试不及格的学生你要对他好，以后他会捐钱给学校的；考试作弊的学生你也要对他好，他将来会从政的；中途退学的同学，你也要对他好，他会成为比尔·盖茨或乔布斯；爱打架的同学你要对他好，将来他会成为警察；早恋的同学你要对他好，将来他会成为文学家……看了这段话，你是不是会莞尔一笑？语重心长也好，调侃也罢，总之一句话，要善待每一位学生。

为什么要和老师们讨论"善待学生"这个话题？因为经常看到师生冲突酿悲剧的新闻报道；在日常的教育教学工作中，经常看到、听到老师在所谓的"一切都是为了学生好""恨铁不成钢"等观念下，对学生采取的过激行为。有的老师，为了驯服学生，采取"你强硬"我就比你"更强硬"的铁腕手法，教育学生，管理班级。有的老师，听不得别人提半点意见，对于当面给自己提意见的家长、学生，要孩子气，如果家长、学生不向其服软、道歉，处处为难别人。有的老师，因为家长曾经冒犯过自己，学生曾经顶撞过自己，成见在胸，耿耿于怀，给学生穿小鞋，刁难学生。有的老师，为了避免与家长、学生发生冲突，面对后进生、顽劣学生采用放任自流、不管不问的方式，把这些学生完全放弃掉。

说这番话，或许老师们听了会不舒服、反感，甚至会反驳说，现在的老师已经够憋屈、窝囊的了，学生打不得、骂不得，上级主管部门给教师的紧箍咒越来越多，你不替老师说话，还在揭老师的丑。作为一名学校管理者，当老师的尊严受到践踏，当老师的良苦用心受到误解、歪曲，我自然会站在老师这边义正词严为老师抵挡，但"关起门来"，扪心自问时，我还是发自肺腑地希望，我们应该学会反思，放下成见，把观照的目光转向自我，审视自己是否真正做到"善待学生"了。随着从教年数的增长，我时常后悔自己年轻时、刚从教不久时的一些过激行为。我对自己当年曾经施于学生的体罚行为，对自己当年在学生面前声色俱厉的呵斥，时常感到羞愧。如果时光可以倒流，我一定不会再这样心急、暴躁，哪怕出发点是为了学生好，也不应该。然而，世上是没有后悔药的，世上是没有"如果"的。正因为我自己也曾经是那样一位老师，所以，我想和年轻老师谈论"善待学生"这个话题。希望你们不要和我一样，过个一二十年，后悔、懊恼当下的一些言行。

我在《青年文摘》中读到这样一篇文章：《我举报了班主任》。文章讲述了一个叛逆期学渣少年遇到一位极其负责任的班主任李光明老师。学渣少年把老师对自己的负责看作是老师和自己"作对""过不去"。学渣少年有一个先天性流鼻血的毛病，一次李老师对其教育过程中，他鼻血直冒。为了报复老师，学渣少年借机冲到校长办公室，状告是被李老师打成这样的。他精彩的表演加上满脸是血的模样，让李老师蒙受了不白之冤，并受到大处分。面对这样一个全校老师都讨厌的学渣少年，面对这样一个让自己蒙羞的孩子，李老师竟然还时常关心他的流鼻血的毛病。一次，孩子因去网吧玩迟到了，谎称路上堵车才迟到的，且没吃早饭，又谎称没钱，李老师陪着孩子去吃早饭。李老师不抱怨、不怨恨孩子的做法，让叛逆期少年幡然醒悟，痛改前非。后来，这个孩子奋发努力考上了大学，时常回校看望李老师。孩子说："感谢在我最叛逆的年纪遇见了一个这么好的老师。"

看到这篇文章，我首先想到的就是"善待学生"的问题。我特别敬佩李老师，我觉得李老师的胸怀、格局那才叫"真正的师爱"。善待学生，不仅需要我们用发展的、多元的眼光看待学生，也需要我们用包容的胸襟去面对孩子成长中的一些过错，还需要我们有大格局去面对"鸡毛蒜皮"。因为我们的名字后面跟着"老师"两个字，因了这两个字，面对一些误解、委屈与无奈，我们必须有放下、清空的心境。

善待学生，更需要我们谨小慎微。教育无小事，处处是教育。有时，我们不经意的一个眼神、动作，不经意的一句话语，都会对学生产生深远的影响。多少人在回忆自己的启蒙老师时，所叙述的无数事实都能说明这个问题。许多时候，从前学生对我们的点点滴滴的回忆，我们压根儿记不得了，却深深地印刻在学生心中。从某种意义上说，教师既可以诲人不倦，也非常容易毁人不倦。

陶行知说："你的教鞭下有瓦特，你的冷眼里有牛顿，你的讥笑里有爱迪生。"亲爱的老师，善待每一位学生吧，等到你冷眼、讥笑的牛顿、爱迪生写回忆录，对你耿耿于怀或者不屑一顾时，再懊恼就晚了。我多么希望，我们每一位老师在学生以后的回忆中都是温存、温润、温暖与美好的。

6

PART 5

素养五　研究力

　　学生身心发展的复杂性决定了教育工作者需要有孜孜以求的研究精神。著名教育家吕型伟说：“教育是事业，其意义在于奉献；教育是科学，其价值在于求真；教育是艺术，其生命在于创新。”教而不研则浅，研而不教则空。

做一名善于教育观察的老师

青年教师成长的途径、方式有很多。博览群书之阅读是一条路径；吃一堑长一智之实践是一条路径；善于教育观察，在观察中体悟更是一条不可或缺的路径。因此，学会并善于教育观察，是为师者需要关注并需不断提升的一项本领。

——题注

学校每周都要举行教研活动。在教研活动上，小张和小李两位年轻老师的听评课发言，引起了我的注意。小张每次发言，都是很笼统地说某某老师这个好，那个好，每次发言的话语、形式都差不多。小李则不同，他每次评课都是聚焦上课老师的某一个方面，畅谈自己的听课体会。有时聚焦老师的提问方式，有时关注师生的互动，有时着眼老师的课堂评价语，有时展现学生的精彩发言……他评课切口小，高度聚焦，大家听了都觉得说得很有道理。事后，我对他进行了访谈，了解他是怎么听课的，有什么奥秘。他说："我每次听课前，都要预先想好，今天重点向执教者学什么。当然，有时候因为执教者的某个方面特别突出，我会临时调整自己的听课重点。然后，在听课中，我会尽量详细记录这一方面的课堂原貌。也就是说，我不是从头到尾都记录的，我只记录某个方面。"小李的一席话，让我明白了他之所以评课精彩的秘密，他是一名善于教育观察的老师。

一名善于教育观察的老师与一名不会教育观察的老师，同样听一节观摩课，看到的、听到的、悟到的是完全不同的。善于教育观察的老师，还没有走进观摩课现场，观察已经开始。提前熟悉观摩课的教材内容，想一想，如果这个教材自己来教，会怎么教。提前了解执教者的特点，想一想，我此次前去听课，主要想学他的什么。"观察"二字拆开来，"观"是仔细地看，"察"是考查、调查、访问。很多人对"观察"二字的理解，只知"观"，不知"察"。善于教育观察的老师，懂得听课前"备课"，让自己带着问题去听观摩课，自然学到的要比不会教育观察的老师多得多。善于教育观察的老师，不仅懂得带着问题去听课，更重要的是知道走进观摩课现场听什么，看看别人是怎么处理教材的，看看别人是怎么起承转合设计环节的，看看别人是怎么水乳交融和学生互动的，看看别人是怎么顺学而导产生精彩课堂生成的，看看别人是怎么突破重点、难点的，等等。善于教育观察的老师，能透过现象看本质，思考教学现象背后隐性的东西，知其然而知其所以然。

一名善于教育观察的老师不仅会"观课"，还善于"观己"。听公开课、观摩课毕竟不是每天都发生的事，而自己上课，对于一名老师来说，那是每天都在发生的。善于观察者，能一边上课，一边体察自己的感受、学生的感受，并能根据实际进行适时调整。善于观察者，能在上完课后，把自己的所得、所思、所悟记录下来。善于教育观察的老师，一年的实践经验就抵得上不善观察者三五年的收获。善于教育观察的老师，学生的细微动态、心思都逃不过他的"火眼金睛"。久而久之，他会成为敏感的、细腻的、温润的好老师。

教育观察不仅局限在课内。学校无小事，处处是教育。教育观察还发生在课堂之外。学校里，同一个年级有许多平行班，善于观察的老师，懂得走过路过驻足看一看，看看别的班级是怎么布置教室的，看看别的老师是怎么组织学生活动的，看看别的老师是怎么处理学生之间的矛盾的，等等。我经常站在学校门口，看班主任老师领着学生队伍放学。全校几十个班级，学生放学路队情况相差特别巨大。好的班级，学生不仅队伍整齐，而且边走边吟诵传统诗词或者引吭高歌，那精气神，怎一个"棒"字了得。差的班级，学生队伍歪歪扭扭，叽叽喳喳。尤其是刚入学不久的一年级，队伍更是一盘散沙，老师纠正好了这个，那个又歪了。看到一位刚走上工作岗位的新老师开学几天嗓子便沙哑得说不了话，还手忙脚乱地顾头不顾尾，班级队伍如鸟兽散。我让管班特别有经验的老教师去给她示范，让她在边上观察一下别人是如何整理队伍的。通过观察，她发现奥秘了，有经验的老师组织学生整理队伍，极少用语言，使用的都是和学生约定的态势语。同样调整散乱的队伍，新教师是走进队伍里去拉学生、去一个个调整；有经验的老师则是站在队伍前，让队伍原地踏步，用手势、眼神提醒个别散乱的学生。我让有经验的老教师去给年轻人作示范，不仅仅是为了把班级路队带好，更重要的是我想让年轻人学会教育观察。

        青年教师成长的途径、方式有很多。博览群书之阅读是一条路径；吃一堑长一智之实践是一条路径；善于教育观察，在观察中体悟更是一条不可或缺的路径。因此，学会并善于教育观察，是为师者需要关注并需不断提升的一项本领。苏霍姆林斯基曾说："观察对于儿童之必不可少，正如阳光、空气、水分对于植物之必不可少一样。在这里，观察是智慧的最重要的能源。"我觉得把这句话中的"儿童"改为"教师"，同样适用。

留痕，让你与众不同

除了显性知识外，还有一种默会知识，也叫行动中的知识。这种知识是一种只可意会不可言传的知识。许多人在工作中不重视这种默会知识，做一天是一天，默会知识会积累得很少，很肤浅。而有些人，善于做一个有心人，默会知识就会积累得很快，体悟很深，甚至还能提炼出具有创新性、普适性的经验。留痕，可以让我们很快地累积默会知识，从而实现快速成长，成为一名卓尔不群的优秀教师。

——题注

什么是留痕？简言之，留下痕迹。往大处说，人活一世，都希望流芳百世、名垂千古，为世界留下巨大、宝贵的遗产，像牛顿的万有引力定律，莎士比亚的《罗密欧与朱丽叶》，达·芬奇的《蒙娜丽莎》等，就是一种留痕。往小处说，你阅读一本图书，在上面圈圈画画、批批注注，也是留痕。

作为一名老师，善不善于留痕，有着天壤之别。小张和小李两人同一年大学毕业，分配到同一所学校，都任教一年级的语文兼任班主任。可五年后，两人的发展态势完全不一样。小张平平常常、普普通通，而小李则不同，不仅频频获奖，而且学科教学、班级管理均风生水起，成为同龄人中的佼佼者。五年，说长不长，说短不短，为什么两人的差距会变得这么大呢？我细细对他们作了一次比较，不比不知道，一比才找到差距背后的缘由——留痕，让小李与众不同。

小张和小李每天都一样忙上课、忙批改、忙班级管理，但小李与小张有所不同的是，她每天养成了"留痕"的习惯。点开她的个人空间，你会发现，她每天都在记录：记录处理学生矛盾的经过，记录化解家长不满的步骤，记录她对问题学生的观察与转化，记录每篇课文学习之后学生的掌握情况……五年下来，她积累了大量转化薄弱学生、问题学生的案例，积累了许多与不同类型家长交往的策略，积累了大量的学生掌握语文知识点的情况分析。她说，通过这样的记录、积累与反思，回头教这些课文的时候，她就知道哪些地方是难点，哪些地方是重点了。她说，通过这样的记录、积累与反思，再碰到这种类型的问题学生，她就有办法了，再碰到学生间闹这种矛盾，她化解起来就得心应手了。

留痕，让小李面对棘手的问题，不再慌慌张张、毛手毛脚；留痕，让小李面对有个性的家长时，不再畏首畏尾、缺乏自信；留痕，让小李面对教学比武、公开课，不再紧张焦虑、无从下手。破解了小李成长的密码以后，小张恍然大悟。

留痕，其实反映的是"做一个有心人"的问题。为什么许多单位在招聘员工的时候，非常看重工作经历、工作经验？主要是因为除了显性知识外，还有一种默会知识，也叫行动中的知识。这种知识是一种只可意会不可言传的知识。许多人在工作中不重视这种默会知识，做一天是一天，默会知识会积累得很少，很肤浅。而有些人，善于做一个有心人，默会知识就会积累得很快，体悟很深，甚至还能提炼出具有创新性、普适性的经验。几年下来，结果完全不同。一名教师，若能经常对自己平时的教育教学、班级管理、家校沟通等做些记录，并加以反思梳理，日久天长，这些小留痕会沉淀、累积，从而对一个人产生巨大影响，使其变得与众不同。因此，往小处说，留痕能让我们累积许多默会知识，有利于我们应对未来可能遇到的那些类似的问题。往大处说，留痕能让我们快速成长，成为一名卓尔不群的优秀教师。

人活一世，谁都想给这个世界留下点什么，证明自己曾经活过。政治家用他们的宏韬伟略影响社会发展、左右社会变革，用丰功伟业留痕于世；科学家用他们的发明创造留痕于世；文学家用他们的不朽著作留痕于世。作为一名普通的教师，虽然我们从事的不是轰轰烈烈、惊天动地的伟业，但我们可以在平凡的教育教学中，通过留痕，去探寻教育的真谛，寻求教育的规律，并将这些探寻到的真谛、规律整理出来，同样可以成就不朽。对于一名教师而言，实践很重要，阅读很重要，反思很重要，留痕也很重要。

北宋大文豪苏轼在《和子由渑池怀旧》中写道："人生到处知何似，应似飞鸿踏雪泥。泥上偶然留指爪，鸿飞那复计东西。老僧已死成新塔，坏壁无由见旧题。往日崎岖还记否，路长人困蹇驴嘶。"嵩山少林寺外壮观的塔林，是历朝历代得道高僧死后，骨葬入塔，留痕于世的一种形式。留痕，从某种意义上说，不是为了"流芳百世"，而是教育工作者的一种应然。泰戈尔说："天空没留下翅膀的痕迹，但我已飞过。"泰戈尔说得非常有诗意，但这句话不适合我们日复一日，平凡而又琐碎的教育教学工作。"人过留名，雁过留声"，倒是适合我们这些为师者。

为师第一课：认识你自己

　　　　认识自我不是我们的最终目的，我们的最终目的是更好地
改变自我、提升自我。正如弗洛伊德所说，我们要立足本我，
认清自我，不断朝着超我迈进。

——题注

　　蒙田说："世界上最重要的事情就是认识自我。"

　　卢梭说："所有人类知识中最有用也是最欠缺的就是关于人类自身的知识。"

　　特莱斯说："人生最困难的事情是认识自己。"

　　从教近30多年，我接触过成百上千的老师。我发现一个非常普遍的现象：许多老师对自我的认知非常欠缺，或者说从不愿意接受"他人眼中的自己"。虽然我们时常会说，人不是为别人而活，但纵观古今中外的历史，谁能逃脱被他人定义，被后人评判呢？而且，往往我们对一个人的"盖棺定论"，不是来自他本人的自我描述，而是来自别人。

　　触发我写这篇文章的缘由，是平时工作中的一些感受。每年暑假，学校都要进行秋季一年级新生分班工作。整个暑期，我会接到许多领导、朋友的电话，希望我能给予照顾，把孩子放到某某老师的班级，希望某某老师任教孩子的某个学科，而对有些老师，家长则唯恐避之不及。在和老师共事接触中，有相当一部分老师做班主任带班，任教某个学科，和平行班差距非常大，却从不自我反思找不足，而是百般辩解找客观原因。如果遇到多人对他善意提醒，他就会以"大家对我有偏见"为由，拒绝改变。每年暑期，讨论新学年教师任课安排，有些老师会成为分管教学副校长的心病，放哪里都感到不合适。凡此种种，让我深深意识到，蒙田、卢梭、特莱斯的论断太准确了。所以，柏拉图提出人类"要认识你自己"。认识自我不仅是一个宏大的哲学命题，也适用于我们从事的教育职业。

为了把这个问题说明白，我想多举几个显而易见的事例加以说明。两位老师，谁的字漂亮，放在一起一比较，一目了然；两位老师，谁的歌唱得好，亮一亮嗓子，一听便知。比较是最能让人认识自我的一种策略。按理说，认识自我，并不是一件很难的事儿。那为什么许多老师不能准确评判自己呢？除了不愿意把自己与他人进行对比外，还有一个原因：教育教学是一项内隐性、长期性、复杂性的工作，它的这些特点，会让许多老师慢慢养成"客观化归因"的思维定势。

谈论这个话题，不是要把老师分成三六九等，而是希望每位老师尤其是那些在一个团队中相对落后的老师学会更好地认识自我。怎样才能更好地认识自我？我有两个建议，第一，在比较中发现自我。教育系统内，经常举行旨在提升教师专业能力的业务竞赛，譬如说课比赛、同课异构课堂教学比赛等。遇到这些竞赛，我们要积极参加。参加的目的，除了锻炼自身之外，更主要的要善于在这类竞赛中将自己与他人进行比较：比较教材研读能力，比较教学设计能力，比较课堂驾驭水平，比较语言表述能力，比较随机应变能力等。没有比较，难以发现自己。有的时候，自己要主动去创设比较的机会。譬如同样是教数学的两位老师，面对"鸡兔同笼"这个问题，两人分头准备，然后走在一起，模拟进行上课，看看会分别采用怎样的思路进行教学，谁的更"深入浅出"，符合学生的认知规律。第二，在评判中寻找自我。俗话说"当局者迷，旁观者清"，我们对自己的认识，往往也是这样。因此，我们要多方听取他人对自己的评判，在别人的评判中寻找自我。听听学生、家长对我们的看法，听听同班级其他任课老师对自己的看法，听听同年级、同办公室其他老师对自己的看法，听听学校各相关部门领导对自己的评判。对他们的评判作一个综合分析，我们很快就能大体描摹出"他人眼中的自己"。

认识自我不是我们的最终目的，我们的最终目的是更好地改变自我、提升自我。正如弗洛伊德所说，我们要立足本我，认清自我，不断朝着超我迈进。有的老师能化腐朽为神奇，什么样的班级到他手里都能成为最优秀的班集体，而有些老师管班、带班，带着带着就乱了、散了，顽劣学生就变多了。自己和优秀班主任的差距到底在哪里？不妨通过比较、他人的评判，好好认识自己，然后试着去改变自己。你的语言是幽默风趣型的，还是朴实无华型的？你的表达是深入浅出型的，还是艰涩啰唆型的？你的思维是清晰敏捷型的，还是凌乱迟缓型的？你的知识结构是纵横捭阖型的，还是捉襟见肘型的？

今天，抛出这个话题和老师们交流，并不是说我自己有多么优秀，而是因为在我从教近30年的经历中，接触过成百上千的教师，我看到太多太多不愿自我反思，不愿改变自我状况的老师了。家长、学生每每遇到这样的老师，真的是倒大霉了。德国哲学家恩斯特·卡西尔说："认识自我是哲学探求的最高目标。"为了让学生、家长遇见我们成为一种幸运与幸福，我们需要有"吾日三省吾身"的态度，需要有不断革新的勇气，需要有追求超我的实际行动。

老师，你属于哪种类型？

> 教师队伍中，有的老师能深入浅出，自己教得明白，学生学得轻松；有的老师却浅入深出，教得艰涩难懂，常常出现你不说，我倒还明白，你越说我越糊涂的情况。老师，你属于哪种类型呢？
>
> ——题注

我曾经在北方农村待过一段时间。北方的玉米地给我留下了很深的印象。许多玉米地长 50 米，甚至是 100 米。玉米快成熟的时候，如果要穿越玉米地，那是一件极其艰辛，甚至会让人感到有些害怕的事。

因为童年有这段生活经历，我时常会把教师教学生比喻成"带领学生穿越玉米地"。领着学生穿越玉米地，第一要看谁的速度快：从这头进去，那头出来，看谁最先穿越。第二要看谁掰的玉米棒大。第三要看谁受伤少：玉米叶宽大修长，两边似锯齿，穿越玉米地时，脸、脖子、胳膊，不小心很容易被玉米叶划出一道道伤痕。

速度快慢，就好比教学效率的高低；玉米棒的大小，就好比教学质量的高低；受伤多少，就好比学生课业负担的轻重。有的老师领着学生穿越玉米地，速度快，玉米棒大，受伤少。这类老师教学效率高、质量高、学生负担轻。有的老师领着学生穿越玉米地，速度快，玉米棒大，但学生伤得也不轻。这类老师教学效率高、质量高，但学生负担也很重。有的老师领着学生穿越玉米地，速度慢，玉米棒小，不过学生受伤也少。这类老师教学效率不高、质量不高，学生负担不重。最要命的是最后一种，速度慢，玉米棒小，受伤多。这类老师教学效率低、质量低，学生负担却很重。

A. 速度快，玉米棒大，受伤少；　　B. 速度快，玉米棒大，受伤多；

C. 速度快，玉米棒小，受伤少；　　D. 速度快，玉米棒小，受伤多；

E. 速度慢，玉米棒大，受伤少；　　F. 速度慢，玉米棒大，受伤多；

G. 速度慢，玉米棒小，受伤少；　　H. 速度慢，玉米棒小，受伤多。

老师，以上八种类型，你属于哪一种呢？从教近 30 年，我接触过许多老师，我可以毫不客气地说，在我们教师队伍中，有相当一部分老师是属于轻负担低质量型和高负担低质量型的。遇到这类老师，学生、家长算是倒霉了。经这样的老师教过，班级会变成一盘散沙，学生会变得对学习毫无兴趣。走进这类老师的课堂听课，你会发现，他不讲还好，他越讲学生越糊涂。教育工作是一项诲人不倦的事业，也会成为一项"毁人不倦"的工程。

正因为这样，我们要经常反思，甚至要经常反省：我有没有在误人子弟？我们坚决不能做轻负担低质量型和高负担低质量型的老师。我们要经常去探寻"轻负担高质量型"教师的秘密。

讲到"轻负担高质量型"教师，我想介绍已故著名数学特级教师孙维刚老师。孙老师原是北京市第二十二中的一名数学老师。他的神奇与厉害之处，我仅举两个小例子来说明。他教初一学生，仅用一年的时间，这批学生参加数学中考，平均分竟然比初三学生高 12 分之多。他担任班主任兼数学老师，把学生从初一带到高三，学生 50% 以上考取了清华和北大。你说神奇不神奇？其实，教学工作没那么复杂。我们如果能把这三个问题研究透，一定能成为一名"轻负担高质量型"教师。

第一个问题：学生在哪里？

第二个问题：我要把学生带到哪里？

第三个问题：我准备怎么把学生带到那里？

第一个问题告诉我们，我们必须了解学生的起点。学生已经会的不教；

你教了他还是不会的，也不要教；留给我们要教的其实不多。著名教育家奥苏伯尔说："假如让我把全部教育心理学归结为一条原理的话，那么，我将一言以蔽之曰：影响学习最重要的因素，就是学习者已经知道了什么。要探明这一点，并应据此进行教学。"

第二个问题告诉我们，教学必须有目标意识。我们要始终非常清晰到底要去哪儿。许多老师在教学过程中常常会犯这样的毛病——在路上走久了，竟然忘了为什么出发。为了始终明白自己要去哪儿，我们要经常研究学科知识结构、学科培养目标、学科评价体系，要有既见树木，更见树林的智慧。

如果说第二个问题说的是"教什么"，那第三个问题说的就是"怎么教"，也就是教学的路径选择。关于"怎么教"的问题，我有个形象的比喻：组织教学，就像带学生登山。有的老师能为学生开辟出一条登山捷径，让学生轻轻松松登上山顶。有的老师则不同，总是把学生往最荆棘、最险要的路上引。

什么是好老师？我觉得，一个精神富裕、专业化程度高的老师，他能以自己特殊的职业眼光，聚焦课程的引人入胜之处，以最轻松的方式，让学生得到最有分量的收获；能从最接近学生现状的起点，带领他们走到离自己最远的终点。这样的老师，就是一个优秀的老师，就是一个专业水平极高的好老师。

亲爱的老师，站在讲台上，你就是语文，你就是数学，你就是英语……你就是自己任教学科的象征。要做习近平总书记提出的"有理想信念、有道德情操、有扎实知识、有仁爱之心"的好老师，我们需要从自己任教的学科出发，努力从做一名"轻负担高质量型"教师开始。

老师，你属于哪种类型？你叩问过自己吗？

层次不同，看到的风景自然不同

一个只经历过春夏秋三季的蚂蚱或者昆虫，永远不会知道地球上还存在冬季，因为在它的生命里、日历里一年只有三季。

——题注

每天上班，我有这样一个感受，早半小时出门和晚半小时出门，我的心情和沿途看到的景象完全不一样。早半小时出门，路阔人稀，路上几乎见不到什么车辆，整条马路犹如是自己的专道，那心情怎一个"爽"字了得。但如果晚半小时出门，路上的景象马上变了样。车流拥挤，好像红灯也和自己过不去似的，不想"吃"红灯，偏偏个个被赶上。人也变得心急火燎的，前面的车稍微慢一点，路怒症马上发作，就会狂按喇叭，以表示自己内心的不满。同样一条道路，同样开车上班，为什么会有这样两种截然不同的景象与感受呢？因为我行走在两个完全不同的时间段。

由不同时间段行车的感受，我联想到了做教师的不同阶段。教师从入职起始阶段、成长阶段到成熟阶段不就像行车的不同时段吗？入职不久，处于成长阶段的老师，犹如一位心急火燎赶着去上班的路人，每天忙于应付，疲于奔命，根本无暇顾及两旁的风景。随着工作年限的增加，我们会越发感觉到自己水平的捉襟见肘。那种恐慌感与心急火燎赶路的心情还真有些相似。年复一年，每天忙忙碌碌，职业的成就感、幸福感被消解得无影无踪。

怎么才能快速逃离每天都要面对的拥堵路况呢？早半个小时出门。同样道理，教师要让自己快速从普通、优秀教师行列跨入卓越教师的方阵，早一天跨入成熟高峰期。想必我说到这里，大家都会说：这个道理我懂，就是不知道如何跨入。我们如何才能跨入成熟高峰期，去享受路阔人稀的行车的惬意呢？把工作当学问来做。入职初期，如果你在担任班主任工作，我想，最重要的事就是去思考如何把班主任当得风生水起，努力使自己成为一个运筹帷幄又与学生打成一片的好老师。如果你没有担任班主任，最重要的事恐怕是如何让学生爱上你的课，如何调控学生上课的纪律和情绪。把工作当学问来做，需要你带着研究的情态去工作：一边实践，一边研究；一边研究，一边反思总结。有的时候，哪怕一年解决一个方面的问题，几年之后，你就会轻而易举地跃入卓越教师的行列。有的老师或许会说：我困呐，起不来，早上早起半小时，等于要我命。如果你不能早起半小时，还希望路上不堵，那就得去寻找一条新路，或者更换你的交通工具，换一种出行方式。有没有这样的方式呢？我的回答是：有。我给大家举个例子：小陈老师是一名数学老师，她的教学能力、水平在数学组里也就中等。像她这样的老师，数学教师队伍中，一抓一大把，如同拥堵车流中的其中一辆，谁能关注到她？小陈一看这情形，非常聪明，一边教数学，一边开始介入科技制作、创新素养的课程建构。没承想，因为这门课程参与的人不多，加上她又比较早介入，不到三年，她便因为创新素养课程建构成绩突出，成为当地的名师。现如今，只要一提起创新素养培养，人们马上就会想到她。小陈的例子，很好地说明，如果你不能早起半小时，又不想堵车，你必须思考另辟蹊径或者另行选择出行方式。

由不同时间段行车的感受，我联想到了老师的不同层次。那些教育行业中的翘楚犹如早半小时出门的先行者，他们因为早出门，路阔人稀，行车不仅仅是赶路，还在享受美好的心情与沿途的风光。像德高望重的于漪老师，深受老师们钦佩的于永正老师，广受大家欢迎的王崧舟、薛法根老师等等，他们已经迈入禅说里的第三层次：看山仍然是山，看水仍然是水。而我们很多老师始终处在晚半小时出门，车流最拥堵的路段。赶路成了唯一的目标，至于沿途的风光早已无暇顾及，全都视而不见了。在这些老师眼里，赶路是辛苦的，教育是一门苦差事，从来不曾享受过教育给自己带来的幸福感。处在这一层次的许多老师，因为从来不曾有过早出门半小时的行车通畅感，自始至终见到的都是拥堵车流。久而久之，会误认为这就是教育工作者一辈子的生活。举个不恰当但很能说明问题的例子：一个只经历过春夏秋三季的蚂蚱或者昆虫，永远不会知道地球上还存在冬季，因为在它的生命里、日历里一年只有三季。许多老师从入职初期到退休，几十年的教育生涯，从未享受过成熟高峰期的职业体验，从未享受过路阔人稀的行车快感，就进入下滑期、衰败期，职业体验始终停留在车流拥堵的阶段，却浑然不知。

一个人处在不同层次，心境与看到的景象是不同的。宋代禅宗大师青原行思曾说参禅有三重境界：参禅之初，看山是山，看水是水；禅有悟时，看山不是山，看水不是水；禅中彻悟，看山仍然是山，看水仍然是水。亲爱的老师，要想让自己行驶在路阔人稀、心境畅快的路上，必须试着让自己跨入新的阶段，跃升到新的层次上。

老师，你有自己的教学风格吗？

形成自己的教学风格，提炼自己教学主张的过程，本身就是教师专业发展、提升的一个重要事件。什么是教师的风格？我的理解是，一名老师朝远方走去，留给学生背影，被学生念念不忘的特质，那才是真正的教师风格。

——题注

从教已近 30 年，好几次被别人问及："你的教学主张是什么？你能简单阐述一下自己的教学风格吗？"每次听到这样的问话，我都有些发憷。一来，我心里有这样一种认识：要慎讲自己的什么主张、风格、理念与思想，这会给他人一种张狂、自吹自擂的嫌疑。美国总统奖获得者雷夫曾说："教育界有太多的江湖骗子，他们教上两三年书，然后就想出一些聪明的口号，建立自己的网站，开展巡回讲座。在这个快餐型的社会，对复杂问题用简单办法解决，往往更容易被人们接受。我希望人们能认识到，要达到真正的卓越是要做出牺牲的，需要从错误中汲取教训，同时付出巨大的努力。毕竟教育无捷径！"二来，口号那么多，就像全中国各个学校的校风、校训，虽然表述上有所不同，但实质上都差不多。我们能记住多少呢？还是少拉大旗作虎皮了。

改变我认识并让我重新审视这一问题的有两件事情。第一件事是2014年，我成为浙江省特级教师，岗前培训时，省教育厅要求每位新晋特级教师用15分钟阐述一下自己的教学思想、教学主张。躲不过去了。第二件事是全国著名特级教师王崧舟老师给我们作了一次讲座，他详细阐述了自己的"诗意语文"这一主张是如何萌芽、开花、结果的，并深入浅出地阐述了这一主张对他专业提升产生的催化作用。原来，形成自己的教学风格，提炼自己的教学主张的过程，本身就是教师专业发展、提升的一个重要事件。

在从教过程中，我们应不断叩问自己：我是谁？我在学生心目中是个怎样的老师？我与别的老师有什么不同之处？经常这样叩问，会触发我们去思考。随着思考的不断深入，我们的叩问会慢慢具象。这就好比你心中有块磁铁，它会不断把周围的铁屑吸聚过来。慢慢地，这些铁屑会形成类似于铁球的一个集合。这个集合的核心就是吸铁石。同样道理，因为经常这样叩问，慢慢地，你的主张、风格会形成一个具有吸附力的内核，这个内核会随着集聚信息增多而慢慢清晰浮现出来。

教学风格不可能一朝一夕形成，不可能一蹴而就。教学风格是伴随着职业生涯的不断掘进而慢慢累积、凸显出来的。对于大多数老师来说，教学风格的形成大体都会走一条归纳法的道路。也就是说，它是伴随着我们的教学实践、教学研究，一步一步慢慢明晰、提炼出来的。李吉林老师的情景教育，邱学华老师的尝试教学法，于永正老师的五重教学，薛法根老师的组块教学，王崧舟老师的诗意语文等等，都是在长达十几年、几十年的实践中慢慢确立起来的。

对于青年教师而言，从教才几年、十来年，对照这些德高望重教育专家的标准，谈风格是不是有些过早了呢？其实不然，我就曾接触过许多工作才七八年、十来年的老师，他们形成教学风格的另外一种方式，更值得我们借鉴与学习。宁波有一位年轻的数学老师刘善娜，她刚开始从教时，因为学校地处农村，孩子们放学后没有人督促做家庭作业。针对这一现象，她就想能不能确保学生作业全部在课堂内完成，课外不给学生布置书面家庭作业。为了确保学生有足够的时间在课内完成作业，她就必须精讲以节约时间。为了确保不给学生留课外家庭作业，教学质量还居同年级前茅，她就必须精心设计每一道练习。就是这样一个初衷，促使她不断研究高质量的练习题，渐渐地，"好玩的数学作业"便成了她的独门秘籍。短短几年时间，她就成了教坛新锐。她研究设计的"好玩的数学作业"以及围绕作业练习写的博客，被两家出版社看中，整理后面向全国发行。其中《这样的数学作业有意思——小学数学探究性作业设计与实施》一书还入围中国教育新闻网"2016影响教师的100本书"。她提出的"修复教与学的断层，让学生爱上数学"的教学主张，也成了当地教育界的一张名片。

从以上的例子不难看出，教学风格的形成、提炼，可以是归纳式，在长期的实践中逐渐凝炼，抽丝剥茧，慢慢形成；也可以是从一个初心，解决一个问题出发，在问题解决过程中，形成自己独有的东西。我相信，教学风格的形成远不止这两种方式。譬如，从自己的个性特长、爱好出发，将自己的专长与任教学科有机结合，也能形成教学风格。另外，根据我自己的实践经验，我觉得教学风格的提炼，还是有一定的范式与步骤的。譬如，刚开始，我们可以试着用一两个词来概括自己的教学风格；然后，将这一两个词幻化成包含自己教学主张的一句话；最后，试着用几个课例、几千字来诠释自己的风格、主张。经过这样一个提炼过程，你会突然发现，原来认识自己、提炼风格并不是一件高不可攀的事情。

和大家交流了这么多，我想说明的是，提出教学主张、凝炼教学风格，有利于我们的专业觉醒与认知，它能催化我们更好地专业成长。与此同时，我还想说，一名教师的教学主张、风格，更多地应该来自学生的认可与评价。什么是教师的风格？我的理解是，一名老师朝远方走去，留给学生背影，被学生念念不忘的特质，那才是真正的教师风格。

条条大路通罗马

　　　　条条大路通罗马，通往广场的道路不止一条。名师大咖们在教育这方天地里，策马驰骋、纵横捭阖，开辟出了一条条属于自己的道路。我们又该如何披荆斩棘，带领学生去开拓一条属于自己的教学之路呢？

——题注

　　唐僧师徒四人，一路向西，取得真经；八仙一路向东，找到了蓬莱仙境；毛泽东主席率领工农红军，一路北上，找到了解放中国的道路；邓小平南下改革开放，在南海边画了个圈，贫困的国土变成了彩色的画卷……古往今来，多少鲜活的事例，向我们传递着"条条大路通罗马"的道理。

　　走进教室，站在讲台上，老师不就是唐僧、八仙、主席、总设计师吗？已故著名特级教师、第九届全国人大代表孙维刚老师，深谙教育真谛，用知识树、思维导图将数学知识"八方联系，浑然一体"的深刻性深入浅出地呈现在学生面前，他用"结构教学法"带领着学生在数学王国里快乐驰骋，创立了"结构教学思想"，走出了一条属于他的教育之路。著名教育家、特级教师李吉林老师，看到"孩子学得苦，老师教得累"的教育现实，几十年如一日，苦苦探索，从探索情境教学拓展至情境教育，再到构建情境课程，创立了"情境教育思想"，走出了一条铺满荆棘又鲜花盛开的教育之路。这样的例子、故事举不胜举。王崧舟老师的"诗意语文"，郭学萍老师的"创意写作"，韩兴娥老师的"海量阅读"，蒋军晶老师的"群文阅读"……东西南北中，他们选定了一个方向，或是几年、十几年，或是几十年，坚定不移，持之以恒，走出了一条阳关道，走出了一片艳阳天。

有的老师也许会问，虽然通往广场的路不止一条，虽然条条大路通罗马，但好像所有的路都被别人走过了，我能走出什么新路呢？首先，我想说的是，如果我们不能开辟出一条自己的教育之路，可以选择他人的成功之途走向广场、走向罗马。不是非得要独树一帜的。教育教学是一门科学，科学意味着有规律可循。遵循教育教学规律，遵循身心发展规律，做好教书育人工作，对于大多数普通教师而言，已经是完成了时代赋予我们的职责与使命。其次，我想表达的是，世间发明千千万，好像该发明的都发明了，但令我们感到欣喜的是，人类从来没有停止发明的步伐，每天依然有那么多的发明诞生。同样道理，教育主张、教育思想，仿佛已经繁星满天，然而当一颗颗星星冉冉升起时，我们会发现，它们是那么的与众不同、光芒四射。

我是语文老师，我经常和语文老师开玩笑说，东西南北中五个方向被别人选走了，不是还有东南方、西北方、西南方、东北方吗？你看，韩兴娥老师倡导"海量阅读"，薛瑞萍老师就来了个"日有所诵"，不也风生水起吗？你看，蒋军晶老师研究"群文阅读"，丁慈矿老师就来了个"对课研究"，不也名扬全国了吗？选择不是问题，关键看你有没有持之以恒的信念与决心。如果你是小学语文教师，你哪怕就是领着学生积累成语、积累谚语，六年坚持下来，也会让同行刮目相看。

同样研究小学习作教学，著名特级教师管建刚用"班级作文周报"，独树一帜，凝炼成《我的作文教学革命》；青年才俊何捷老师，寓教于乐，提炼出《何捷老师的游戏作文风暴》；著名特级教师宋运来用童漫放飞想象，他通过开发漫画资源，探索儿童漫画作文教学法，首创童漫作文，被同行戏称为"傻瓜作文"老师，闻名全国小语界……这样的例子太多太多。我之所以罗列这么多例子，就是想说，地上的路真得很多很多，就看你有没有用心在走。

当然，条条大路通罗马，但罗马不是一天建成的。同样道理，教育教学上的探索，我们不能指望搞个三五年，就扯起一面旗，树起一根杆，创立什么什么流派。教育教学的探索是非常艰辛的一项事业，在朝着一个既定的目标不断掘进的过程中，会有荆棘，会有曲折，甚至会有失败。有时，可能还需调整方向，从头开始。另外，在朝前探索的过程中，目标不是一开始就很明晰的，而是在不断实践、反思、总结中慢慢清晰与完善的。

通往广场的道路不止一条。名师大咖们在教育这方天地里，策马驰骋、纵横捭阖，开辟出了一条条属于自己的道路。我们又该如何披荆斩棘，带领学生去开拓一条属于自己的教学之路呢？

上几节失败的课，不是坏事

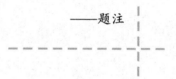

　　在成长过程中，教学特色、风格形成过程中，我们要敢于面对一些失败的尝试；要敢于清零，从头开始。要有与时俱进、与时偕行的意识与姿态。

——题注

"课堂气氛沉闷。"

"一节课老师几乎没有讲什么，这样的课更像练习课。"

"以生为本，不等于老师不讲不教。总是安排学生自主学习，学生真的学得会吗？"

　　有位老师上了一节力图体现"以学定教，顺学而导"理念的公开课。课后研讨环节，老师们纷纷发表听课感受。执教者听得脸红一阵，青一阵，像霜打的茄子。作为一名听课者，我也发表了自己的看法："与其上一节四平八稳没有毛病的研讨课，不如上一节有思想的失败的公开课。今天，执教者虽然上了一节大家看来失败的公开课，但我要为这一节有思想的失败课点赞。"随后，我谈了自己的一些观点与看法。大家听了，觉得不无道理，执教者也慢慢恢复了自信。

　　在我们的从教生涯中，经常被听课，这是常有的事。学校教育教学常规检查，管理者来听随堂课；课堂教学能力比赛，需要上比赛课；各级各类教学研讨活动，领导安排上研讨课；各级各类观摩展示活动，教研员让我们上展示课；除此之外，上得最多的是每天面对学生的家常课。不论是有其他老师听的课，还是单单只面对学生上的家常课，我们是否思考过这样的问题：我的课是不是一成不变？我有没有尝试过上一上不同类型的课？

许多老师因为习惯使然，也或许是因为不想改变，不想跳出"舒适区"，从教多年，任尔东南西北风，上课总是一个套路。新课改推行这么多年，他的课堂还是停留在讲授式、灌输式。信息技术这么普及，这么发达，他的课堂还是习惯于一支粉笔、一本教案。不想改变的另一个重要原因是怕尝试、怕失败。有一部分老师已经小有成就，小有名气，自己习惯的教学方式驾轻就熟、游刃有余，如果试着去改变，成功了还好，不成功，怕自己辛辛苦苦塑造起来的良好形象被一节失败的公开课击得粉碎。因为有这些顾虑在，所以有许多名特优教师不敢贸然去改变，去担受这个风险。

和大家交流这个话题，我不是想让一个严谨型的教师转换成活泼型的，让一个温婉柔和型的转换成慷慨激昂型的，这不等于说逼迫一名通俗歌手唱美声，摇滚歌手换民族唱法吗？今天讨论这个话题，我想表达两层意思。

第一层意思，在世界多极化、经济全球化、文化多样化、社会信息化的社会快速发展进程中，我们有没有与时俱进、与时偕行的意识与姿态？譬如，原先我们只会用电脑多媒体上课，现在来了新生事物电子书包、平板，原先学生没有信息终端机，现在人手有一台平板了。你敢丢下原先固有的成就、教学模式，去尝试手里端着平板上课的课堂新样态吗？或许刚开始的时候，因为教学手段的改变，你上课时会手忙脚乱，甚至找不到感觉，但这种全新的探索，会让你跃升到一个崭新的平台。在这个跃升过程中，挫败感或许会伴随你很长一段时间，但这种挫败感对于我们来说并不是坏事。这就好比生病动手术，动手术肯定疼痛不已，肯定很难受，但这个疼痛、难受，是治愈身体必须经历的。

第二层意思，在成长过程中，教学特色、风格形成过程中，我们要敢于面对一些失败的尝试。譬如，原先我们习惯于讲授式上课，现在倡导"生本课堂"，倡导"自主合作探究式"学习，我们是否敢于去积极尝试？再如，你或许在小学语文阅读教学领域特别擅长，但习作教学领域、口语交际教学等是否也得心应手呢？你能否放下自己擅长的，去实践自己不曾涉猎的专题呢？又如，某一个教学课例，经过多次打磨，你已经觉得臻于完美了，突然有一天，你想到另一种思路，你敢于推翻原先臻于完美的设计，重新来过吗？

从这样的角度去看待我们每天上的课，我觉得上一些失败的课，并不是坏事。只要有思想，只要你能对自己尝试、实践的失败的课说出道道来，我觉得远比上没有思想、四平八稳的课有价值、有意义。有苦感，有痛感，有挫败感，其实并不可怕，最怕的就是墨守成规、按部就班。

进一步，海阔天空

　　在别人停下的地方往前多走一步，在惯性的思维中换个视角，在文本解读时找准切入点、空白点、训练点，就一定能享受到发现的喜悦，一定能体验到"会当凌绝顶，一览众山小"的明朗感。

——题注

　　俗话说："退一步海阔天空，让三分心平气和。"人们常用这句话劝慰别人或宽慰自己——做人要宽容。的确如此，生活中、人生的道路上我们需要忍与让，退与避。但作为一名教育工作者，当我们面对文本，进行解读备课时，恐怕就要反其道而行之，要进一步。这向前进的一步，不仅是教师教学素养、鉴赏水准、知识能力、人文精神等综合素质的集中体现，更是教师深入浅出、追求高效、究根问底、探寻最优策略的一种态度。这一进，往往会进出一番新景象，看到别人所没有看到的东西。

　　《自己的花是让别人看的》是人教版五年级下册的一篇课文。这篇课文我已经先后教过两次了。但两次教下来，对"山阴道上"这个词我一直未引起注意与重视。教学参考书、语文课本词语盘点中也没有把"山阴道上"作为一个词语列出来。听其他老师教这篇课文时，我也没有听到在这个词语上驻足做文章的。

"许多窗子连接在一起，汇成了一个花的海洋，让我们看的人如入山阴道上，应接不暇。"读着读着，我的脑海里突然冒出了这样两个问题："山阴道"在哪里？"山阴道上"的风景又是怎样的？我赶紧去搜索相关资料。这一搜，既让我汗颜，又让我欣喜。汗颜的是我教了两回，竟然不知道"山阴道上，应接不暇"是个成语。欣喜的是我找到了十分珍贵的资料，而且围绕"山阴道上"这个词，我领着学生走进了一个别样的课堂。

"如入山阴道上，应接不暇"一句是有出处的，出自《世说新语》："王子敬云：'从山阴道上行，山川自相映发，使人应接不暇。若秋冬之际，尤难为怀。'"王子敬即书法家王献之。山阴就是现在的浙江省绍兴市。"山阴道"就在绍兴城的西南郊外。山阴是县，因在会稽山之阴而得名。据《会稽郡记》记载："会稽境特多名山水。……王子敬见之曰：'山水之美，使人应接不暇。'"王献之是说在山阴的路上走，山水相映，美不胜收，让人有应接不暇的感觉。南宋诗人陆游漫步山阴道时，写下了"山重水复疑无路，柳暗花明又一村"（《游山西村》）的千古名句。中国历史上有三条路很有名，第一条是丝绸之路，第二条是唐诗之路，第三条就是山阴道。据说，山阴道是唐诗之路的起点。我们熟悉的书法圣地兰亭就在山阴道的附近。季羡林先生拿来活用，形容德国的街道上家家户户都种着花，美不胜收。

有了对"山阴道上"如此透彻的了解与理解后，我再次执教这一课，当有学生问到"山阴道"在哪里的时候，我顺势告诉学生"山阴道上，应接不暇"是个八字成语，山阴道是中国历史上十分有名的三条道路之一，并且引出出处。孩子们陶醉了，他们被老师不经意的拓展震撼了。我和学生都被沉入词语后的幸福浸润着。孩子们仿佛一下子懂得读书要"字字未宜忽"的道理。

古人有云："故书不厌百回读，熟读深思子自知。"叶圣陶在《语文教学二十韵》中指出："陶不求甚解，疏狂不可循。甚解岂难致？潜心会本文。""一字未宜忽，语语悟其神，惟文通彼此，譬如梁与津。"品味语言是语文老师的教学基本功，作为学习的引导者，老师更要品味、体悟文章中的重点词句，有时甚至一个标点都不可放过。在别人停下的地方再往前走一步，你会看到别人所看不到的风景；在别人停下的地方再往前走一步，你会悟到别人所悟不出的文本秘妙；在别人停下的地方再往前走一步，你会找到引领学生走进文本的捷径；在别人停下的地方再往前走一步，你会眼前一亮，豁然开朗。

在参加大型教学观摩活动的时候，老师们一定会有一种普遍的感受：这些上示范观摩课的老师在教学设计上、教材处理上往往会给人耳目一新的感觉。特别是那些著名的特级教师，他们对教材的处理常常别出心裁，往往会出乎我们的意料。这种独特的处理能力，不仅仅是教学水平高的体现，更是创新思维的集中体现。著名特级教师王崧舟老师对《枫桥夜泊》的处理，让我们看到了古诗教学的新境界。著名特级教师虞大明老师执教《刷子李》一课时，用坐标图进行板书，形象展现曹小三心理变化的过程，给全国多少小学语文教师留下难以磨灭的印象啊。

为什么他们对教材的处理能有这样的效果？在别人习惯性的处理基础上换个新思路，这或许就是答案吧。对教师成长帮助非常大的"同课异构""磨课"，为什么会受到老师们那么大的欢迎？其原因就是在"同课异构""磨课"的过程中，我们看到了对教材处理的独特视角与方式。

《有趣的动物共栖现象》是人教版四年级下册的一篇选学课文。课文语言生动，结构清晰，不论是从拓展的角度考虑，还是从补充的角度看待，都是很值得学习的。和许多老师一样，在上这篇课文的时候，我也曾经把教学的重点放在课题"有趣"上，围绕"你从课文的哪些句子中感受到动物共栖的有趣"引导学生品读体会。孩子们学得兴趣盎然，读得有滋有味。我自己也感觉良好。

后来，听了台湾小学语文教育学会会长赵镜中先生关于"教课文与教阅读"的报告后，我醍醐灌顶、茅塞顿开。对呀，如果站在"教阅读"的高度，换个思路，我们应该如何教《有趣的动物共栖现象》呢？通过反复思考，我把教学重点从原来的感悟"有趣"转向揣摩"作者是怎么写出有趣的"。这一转变，让我看到了一个崭新的课堂；这一转变，让我悟到了阅读教学的真谛——认识语言现象，掌握语言规律。

换个思路，提醒我们要取百家之长，独树一帜；换个思路，告诉我们要克服惯性思维，敢于创新；换个思路，不是简单地花样翻新，单纯在形式上追求另类，而是要拓宽我们的视野，不断更新我们的教育观念，探寻教育规律。条条大路通罗马。换一个思路，体现出来的是不同教师对同一教材的不同处理方式。面对同一篇课文，你可以从这个词切入，我可以从那个词切入；你可以从明线走，我可以抓暗线推进；你可以从言语表达入手，我可以把重点放在语言范式上。换一个思路，能让我们看到一片崭新的风景。

平常教学中，我们经常听到这样一句闲话：数学是清清楚楚一条线，语文是模模糊糊一大片。我们暂且不讨论这句闲话正确与否。这句闲话，至少说明一点：面对一篇篇课文，往往仁者见仁，智者见智，由于教师文本解读的水平、角度不同，即使面对同一篇课文，确定的教学目标往往会大相径庭。

一篇文章从字、词、句到修辞，到写作特点，到拓展训练，可以抓的点很多。如果我们总是想面面俱到，教学效率肯定不会很高。面对纷繁复杂的文本，备课时不仅要学会取舍，更重要的是要学会"找点"。

找准文本的切入点。《将相和》是人教版五年级下册的一篇课文。这是一篇传统经典课文。全国各地有很多名特优教师选过这篇课文上观摩课。给我印象很深的是一位青年教师对教材的处理。这位教师第一课时也和大家一样初读课文整体感知，概括出课文三个小故事的标题，但他第二课时的处理就十分有见地。这位教师围绕课题中的"和"字做文章，紧紧抓住课文中的这两段话：

廉颇很不服气，他对别人说："我廉颇攻无不克，战无不胜，立下许多大功。他蔺相如有什么能耐，就靠一张嘴，反而爬到我头上去了。我碰见他，得给他个下不了台！"

蔺相如说："秦王我都不怕，我会怕廉将军吗？大家知道，秦王不敢进攻我们赵国，就因为武有廉颇，文有蔺相如。如果我们俩闹不和，就会削弱赵国的力量，秦国必然乘机来打我们。我所以避着廉将军，为的是我们赵国呀！"

这位教师引导学生去发现廉颇和蔺相如话语的不同之处，通过反复朗读揣摩，去品味两个人物的性格、品质，通过对比感悟、上挂下联学习课文，收到了良好的教学效果。这位教师对《将相和》一文的处理，让我深切感受到教师面对文本如何切入的重要意义。好的切入就像庖丁解牛，给人以美的享受。

抓住文章的空白点。文章的空白点就像书画作品中的留白一样，给欣赏者留下许多想象、联想的空间。找准、用好空白点，学生在言语实践过程中，语言素养会得到大幅度的提升。《临死前的严监生》是人教版五年级下册《人物描写一组》一文中的一个片段。这个片段抓住临死前严监生的动作，通过细节描写，刻画了一个栩栩如生的吝啬鬼的形象。课文描写了严监生的一个招牌动作和三次摇头，但对他三次摇头的心理活动却没有描写，这是文章的空白点。教学时，我们可以利用这样的空白点，引导学生揣摩人物的内心世界。

设计好语言训练点。《检阅》是人教版三年级下册的一篇课文。课文写了波兰一所学校的儿童队员，讨论参加国庆检阅时，遇到了一个"棘手"的问题：要不要让左腿截肢的博莱克参加检阅？通过讨论，最后他们作出了一个大胆的决定：在国庆游行检阅时，让拄拐的博莱克走在第一排。游行时，他们的检阅队伍获得了大家的一致喝彩。队长把这个决定告诉博莱克时，博莱克会有怎样的表现？队长会怎么鼓励博莱克呢？这是一个很好的语言训练点。根据三年级学生的特点以及三年级的年段特点，我们设计了一个对话式的训练，收到了良好的效果。

队长对博莱克说："博莱克，我们决定检阅那天，请你走在队伍的第一排。"

博莱克高兴极了，随即又犹豫了："我能行吗？"

队长是怎么鼓励博莱克的呢？请你当队长对博莱克说一说。

吕叔湘先生认为："使用语文是一种技能，跟游泳、打乒乓球等等技能没什么本质上的不同。""任何技能都必须具备两个特点，一是正确，二是熟练。要正确必须善于模仿，要熟练必须反复实践。"设计好语言训练点，其目的就是加强语言实践。

关于文本解读的话题，许多专家都有精辟的阐述。进一步，换个思路，找个点，是我对文本解读的实践总结。要让自己成为一名优秀的语文教师，恐怕提高文本解读能力是很重要的一个方面。只要我们能在别人停下的地方往前多走一步，只要我们能在惯性的思维中换个视角，只要我们能在文本解读时找准切入点、空白点、训练点，就一定能享受到发现的喜悦，一定能体验到"会当凌绝顶，一览众山小"的明朗感。

要多一些基于实证的研究

数十年前年鉴上的照片笑容竟然与数十年后的婚姻生活有关联，数十年前自传体短文透露出的幸福感竟然与寿命长短有关联。你相信吗？你知道研究者是怎么研究的吗？从他们的身上我们能得到怎样的启示呢？

——题注

"现在基于实证、数据的研究太少太少！"我已经不止一次听到从事教育科研管理的专家、领导这样感慨了。每年各级教研部门、教科所、教科院等都要举行论文、课题等评比评审。在评比评审过程中，有一个普遍现象，那就是"基于实证、数据的研究成果太少"。

按理说，我们已经进入信息时代、大数据时代，信息技术已经被广泛运用于各个领域，为什么基于实证、数据的研究成果还是凤毛麟角呢？我的推测是：第一，广大教师缺乏相关的专业知识，不会设计相关的问卷、量表等。第二，缺乏这方面的意识。开展研究时，不善于进行有关信息、数据的采集，等到要撰写结题报告时，再补已经来不及了。第三，重结果，轻过程。当前许多学校、老师开展课题研究，还存在着拍脑袋写课题方案，研究过程草草走过场，闭门造车撰写结题报告的教育教学研究乱象。放眼全国，每年产生的教育教学研究成果多如牛毛，但真正有长远影响、经得起历史检验、值得推广的又有多少呢？因此，教育教学研究要多一些基于实证、数据的研究，提高研究成果的含金量，提高研究成果的可信度、效能。

在谈论如何加强基于实证、数据的教育教学研究前，我想先举两个值得我们学习、深思的例子。美国著名心理学家克里斯托弗·彼得森著述的《积极心理学》一书中，提到了两个例子。第一个例子：心理学家李·安·海科和达科·科讷从米勒学院年鉴相册中，选取了1958—1960年114张大四学生照片，通过分析她们的笑容，去了解数十年后她们的婚姻满意度情况。研究发现，这些年鉴照片中的笑容具有预示作用。那些在年鉴照片中表现出积极情绪的年轻女士们，婚姻生活相对更美好一些。第二个例子：1930年，进入巴黎圣母院的每一位修女都会被要求写一篇自传体形式的短文。这些短文，不会被立即阅读，归入档案数十年。到20世纪90年代，大约40%的被试者已经去世，研究者们试图找出60年前被试者们短文中包含的情绪内容，是否与被试者们的寿命之间存在相关关系。通过研究，心理学家们发现，短文中显示更加幸福的修女们平均比那些不甚幸福的修女，寿命大概要长十年。心理学家们最后得出结论，一个人的幸福感对其寿命有巨大影响。

这两个例子对我产生了强大的震撼力。因为在这两项研究中，心理学家选取的研究资料时间跨度之长，超出了我们一般人的想象。他们严谨的研究态度与精神，令我们折服。基于客观的实证研究，得出的结论，让我们信服。数十年前年鉴上的照片笑容竟然与数十年后的婚姻生活有关联，数十年前自传体短文透露出的幸福感竟然与寿命长短有关联。像这样玄之又玄的心理学研究，如果没有如此长跨度的时间、如此强有力的实证，是很难令人信服、使人相信的。上面两个例子之所以会对我们产生强大的冲击力，就在于，其结论是经过了时间的检验，在实证基础上得出的。

无独有偶，网络上广泛流传着一部名为《人生七年》的系列纪录片，这部耗时半个多世纪取材、拍摄、制作的纪录片，从1965年开始，通过记录英国14个孩子7岁、14岁、28岁……一直到56岁的人生轨迹，呈现了英国社会半个世纪的历史变迁，令人叹为观止。透过纪录片，我能感受到拍摄者深邃的洞察力、强烈的使命感以及高屋建瓴的宏大视野。让我折服的不仅仅是纪录片传递的内容本身，还有纪录片制作者坚持半个多世纪的研究精神。半个世纪来，每七年拍摄一次，要对14名研究对象持续跟踪50多年。这种实证态度、研究精神，不仅让我们景仰，更值得我们学习一辈子。

要加强基于实证、数据的教育教学研究，第一，我们应该抛弃急功近利的思想观念。有些学校的老师，在进行课题研究的时候，速度快得惊人。从课题立项到结题出成果，短则几个月，长则一两年。明眼人一看就知道，掐头去尾，真正进行研究的时间极其短暂。试想，一项课题，哪有那么容易研究的？哪有那么容易得出研究结论、研究成果的？复杂性、内隐性极强的教育教学研究工作，若不经历长期艰苦卓绝的实证研究，怎么可能出真正的成果？强调基于实证、数据的教育教学研究，就是希望大家要抛弃急功近利的思想观念。这一点，不仅仅是老师、学校需要高度关注，有关教育行政部门也当引以为戒。说实话，现在的教育行政部门太想做工作、出成绩了，朝令夕改，三天两头推改革、推新项目，急于求成，真要不得。十年研究十个课题，不如老老实实、扎扎实实十年研究一个课题。加强基于实证、数据的教育教学研究，就是要克服浮夸风。

第二，我们应该摒弃跟着感觉走、凭空杜撰、不严谨的态度。许多教育教学研究成果，适合城市而不一定适合农村，适合沿海发达地区而不一定适合中西部欠发达地区，适合生源质量高的重点中学而不一定适合一般生源的普通中学，适合一部分教师而不一定适合全体教师。我们在提交研究成果的时候，一定要慎之又慎，切不可跟着感觉走、凭空杜撰，更不可夸大其词，把成果的推广价值吹嘘得上了天。教育教学研究，不要说个体存在着很大的局限性，即使是一个地区、一个部门都有可能存在着很大的局限性。当前，许多地方出台的层出不穷的教育新政，有多少是基于实证，在庞大数据分析支撑下推出的？往后推十年，咱们回头看今天的一些教育新政，可以毫不客气地说，有许多将来都是要打脸的。加强基于实证、数据的教育教学研究，就是要倡导"板凳要坐十年冷，文章不写半句空"的严谨作风。

第三，我们要不断提高基于实证、数据的教育教学研究能力。翻开近百年的世界教育发展史，属于中国"原创"，并且在世界上有巨大影响力的教育理论少之又少，尤其是近几十年，更是鲜有耳闻。其中原委自然有许多因素，但不可否认的一点是，我们基于实证、数据的教育教学研究能力不高是其中一个重要原因。被誉为中国现代儿童教育之父的陈鹤琴先生，以自己儿子为对象，对儿子的成长发育过程作了长达 808 天的连续观察，并用文字和拍照详细记录下来。他就是我们需要学习的基于实证研究的楷模。努力提高基于实证、数据的教育教学研究能力是当代教育工作者的一项重要工作。

PART 6

素养六　反思力

　　孔子曰："学而不思则罔，思而不学则殆。"我们与名家名师之间，有时仅仅隔了一个反思力。反思力是让经验转化为理论的催化剂。一名教师，如果没有养成反思习惯，缺乏反思力，即便工作20年，也可能只是他一年经验的简单重复。美国心理学家波斯纳提出了教师成长的公式：成长＝经验＋反思。

抓住灵感

灵感是上帝和你说的悄悄话，但上帝很忙，绝不会再和你说第二次。养成捕捉灵感的习惯吧，千万不要等到从别人的话语里、文章中、成就里发现曾被自己舍弃的微光而后悔不已！

——题注

谈论这个话题前，我想先给大家讲个故事。苯在 1825 年就被发现了，此后几十年间，人们一直不知道它的结构。所有的证据都表明苯分子非常对称，大家实在难以想象 6 个碳原子和 6 个氢原子怎么能够完全对称排列，形成稳定的分子。这个问题同样困扰着德国化学家凯库勒。从 1861 年起，凯库勒开始研究苯的结构，他苦苦探索了三年，却始终没有找到突破口。1864 年冬天，他在研究过程中思想开小差，把椅子转向炉火，打起瞌睡来。睡梦中原子和分子们开始在幻觉中跳舞，一条碳原子链像蛇一样咬住自己的尾巴，在他眼前旋转。像是遭遇电光一闪，他醒了。他花了这一夜的剩余时间，作出假想，并写出了苯分子的结构式。苯环结构的诞生，是有机化学发展史上的一个里程碑。

凯库勒在瞌睡中梦到了蛇咬尾巴，写出了苯分子的结构式；门捷列夫在睡梦中看到了一张表格，研制出了元素周期表；阿基米德在澡盆中洗澡时，发现了浮力定律……古往今来，无数的科学发现、发明，都与苦心研究者善于抓住"灵光一闪"的灵感有关。我曾看到过一句话，大概意思是，灵感是上帝和你说的悄悄话，但上帝很忙，绝不会再和你说第二次。在工作、学习、生活中，有时候人的脑海中会闪过一个好的想法，很多时候，我们会不在意，不留心，不记录，结果这些一闪而过的好念想无情地被我们舍弃了。其实，这些好念想，就是瞬间的灵感。善于抓住这些瞬间的灵感，会给我们带来意想不到的收获与喜悦。

郭学萍，网名长辫子老师。她是全国著名的小学语文特级教师。她有一个习惯，不管走到哪，衣兜里或者手提包里，始终带着一个迷你小记事本。和好朋友聊着天，她会信手划拉几下；颠簸的汽车里，平稳的飞机上，她会随时涂鸦几下；哪怕是闲逛时，饭馆里等吃饭的间隙里，她也会偶尔拿出记事本涂涂写写。一次，我好奇地问："郭老师，我老见你涂涂写写的，你在记什么呀？"她笑呵呵地说："我在捕捉灵感。"拿过她的记事本，你会发现，上面零零散散地写着一个词，一个短语，或者几行并不连贯的话语。她说，从教20多年，她养成了信手涂鸦的习惯，有时钱包会忘记带，但记事本不会忘记。旅途中，饭桌上，闲聊时，偶尔闪过的一个念头，听到的一句新鲜话语，她都会及时记录下来，这些东西会成为她诗歌创作、教育教学写作的重要源泉。

因为养成了随时记录的好习惯，郭学萍老师成了许多小学语文老师心目中的偶像、女神。她从教20多年，出版著作四十多部，在《七彩语文》等杂志上连载过两部童话、一部《孔子传》漫画，是三家杂志的专栏作者。

亲爱的老师，你是否有揣个记事本在身上的习惯呢？你是否养成了随时记录的好习惯呢？我相信大家都会有这样的体会：有时听别人讲话、作讲座、上观摩课，听着听着，突然会产生联想，冒出一个想法；在校园里，在教育教学过程中，在阅读报刊时，有时会闪过一个念头；有时，在如厕、睡觉时都会冒出一个灵感。但因为我们没有及时将其记下来，这些一闪而过的念头，随着时间的推移，场景的切换，很快就会被我们丢弃、遗忘。等到想把它们回忆起来的时候，怎么也想不起来。灵感稍纵即逝，为了不让灵感悄然流逝，我们有必要养成揣个记事本在身上的好习惯。

在这本书里，有好几篇文章，是我在听课、听讲座过程中获得灵感写就的。《以终为始》是我基于在美术教研活动中，听一位美术特级教师评课时获得的灵感写就的。《不要把认知冲突上升为情感冲突》是我在听课时，一位老师的课堂评价语启发了我，促使我写出来的。2017年8月底，临近开学，我看到朋友圈里许多老师、校长都在晒各自学校的开学迎新仪式，为了迎接一年级新生入学，许多学校铺红地毯、租用拱形气门、订购汉服、点朱砂启智，不一而足。热热闹闹的微信朋友圈，刷屏的全是这些东西，翻看着这些信息，我脑袋里突然闪过一个念头：开学迎新需要这样铺张浪费吗？是不是有些形式主义了？我赶紧把这个念头写在纸片上，晚上，我据此写了一篇评论文章《怎能把办学的心思花在吆喝上》。后来，这篇文章被刊登在2017年9月6日《中国教育报》二版的中教评论上。

亲爱的老师，养成捕捉灵感的习惯吧，千万不要等到从别人的话语里、文章中、成就里发现曾被自己舍弃的微光而后悔不已！

学会系统思考

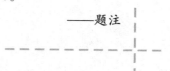

　　系统思考是一种"见树又见林"的艺术。它是一种思维方式，善于运用这一思维方式的人，能看到局部，又能看到整体；能看到现象，又能洞察现象背后的成因。

——题注

　　系统思考被誉为21世纪的思维革命，是比思维导图、六项思考帽和金字塔思维更为深入、有效、结构化的全新思维方法。彼得·圣吉在他的《第五项修炼》一书中，把系统思考作为最难修炼的一项，放在了最后。彼得·圣吉认为系统思考是五项修炼的核心与灵魂。系统思考是一种有别于传统思维的新思维模式。尽管大家对系统思考并不陌生，但在平时的学习、生活、工作中能运用系统思考去看待问题的人并不多。回顾自己从教近30年的专业发展之路，我真切体会到要转变一个人的思维方式相当不容易，我也真切感受到系统思考给我带来的成长与帮助。

　　几年前，我想上一节公开课。小学12册课本堆放在案头，翻翻这册，没有理想的课文；翻翻那册，挑不出中意的文章。不上公开课的时候，每一课也都那么上了，一到要上公开课，感觉没有一篇文章好上。我想，一定有许多老师和我有同感。后来，我把目标锁定在人教版五年级下册第五课《古诗词三首》（《牧童》《舟过安仁》《清平乐·村居》）。这一课所在单元的主题是"走进多姿多彩的童年生活"。

上课时，我通过和孩子们聊童年趣事来导入，试教了几次，感觉很不理想。一次早读课，我带着孩子们背诵古诗词，我们背诵了一年四季的古诗后，接着又背思念家乡的。背着背着，我突然有了灵感——《牧童》《舟过安仁》《清平乐·村居》这三首古诗词的主人公都是儿童。古诗词中有哪些是以儿童为题材的呢？有了这个想法之后，我就去翻看案头上的 12 册教科书。这一翻，成就了我的一节成功的公开课。

通过翻阅 12 册教科书，我发现从一年级到五年级，教材中编排了许多以儿童为题材的古诗，像一年级下册的《所见》《村居》，二年级下册的《宿新市徐公店》，三年级上册的《小儿垂钓》《夜书所见》，四年级下册的《四时田园杂兴》等等。上课时，我领着孩子们一首一首复习。复习过程中，我反复问着这样几个问题："这首古诗中的主人公是谁？他在干什么？你看到了一个怎样的孩子？"

我一边带领孩子们复习，一边呈现这些古诗中的关键诗句。当这些诗句整齐地排列在一起时，孩子们惊奇地发现这些古诗句有着惊人的相似性。你看：捕鸣蝉、放纸鸢、追黄蝶、学垂纶、挑促织、学种瓜……从古到今，不论生活贫穷还是富裕，童年永远都那样无忧无虑、天真烂漫。贪玩、顽皮是儿童之天性，亘古不变，岁月匆匆千百年，纯真童年永不变。

古诗词是中华文化之瑰宝，题材丰富多彩。以少年儿童为描写对象的古诗词不在少数。从小学一年级到五年级，课本中安排了这么多首以少年儿童为描写对象的古诗词，如果教学《牧童》《舟过安仁》《清平乐·村居》时，还和以往那样一首一首教，岂不是"只见树木，不见树林"吗？

如果我们置身一个系统中来审视教材，既见树木，更见树林。有了这样的全局观念之后，改变的不仅仅是教学内容，还有教学策略。学生从我们这里学到的不仅仅是知识，还有方法与策略。这次备课的经历，让我悟到了一个道理：上课不能就课论课。拿到一篇课文时，我们一定要学会把它放到一个系统中去思量。

人教版五年级下册选编的《桥》一文，被很多人口诛笔伐，说它比三聚氰胺还毒。批评者把目光盯在老汉的形象上，觉得为了宣扬共产党员的高大形象，文章显得假、大、空。有人甚至提出这样的疑问：为什么老汉冷冷地说"可以退党，到我这儿报名"，就没人再喊了？怎么让小孩子理解"退党"？

看到这样的评论，听到这样的质疑，我为文章作者谈歌先生叫屈，我为编者鸣不平。想必评论者只关注了文章的人文主题，没有站在全局的高度审视教材。《桥》是谈歌先生创作的一篇微型小说。小说用简练的语言，跌宕的情节，扣人心弦的描述，讲述了一位普通老共产党员在洪水面前，以自己的威信和沉稳、高风亮节、果断指挥，将村民们送上跨越死亡的生命桥，他把生的希望让给别人，把死的危险留给自己，用自己的血肉之躯筑起了一座不朽的桥梁。

这篇文章只有短短的 600 来字，却有 27 个自然段。用简洁的语言，来渲染紧张的气氛，是这篇课文表达上的第一个特色。本文的第二个特色是构思新颖别致，巧设悬念，我们读到结尾处，才恍然大悟——"老汉"和"小伙子"是一对父子。结尾处解开悬念后即戛然而止。这让人感到既"意料之外"，又在"情理之中"，很有震撼力。第三，作为一篇小小说，《桥》在对典型人物的正面细节刻画和侧面衬托描写上也做得非常好。第四，这篇文章尽管只有短短的 600 来字，但在描写暴雨洪水的过程中，作者不惜笔墨，花了相当长的篇幅来描写洪水的变化，这种环境渲染、衬托的表达方式非常典型。

这篇课文是人教版 12 册课本中入选的唯一一篇作为精读课文来对待的微型小说。这就好比把《杨氏之子》编入教材，目的是让小学生初步感受文言文的魅力；把《为人民服务》编入教材，目的是让小学生初步接触议论文。《桥》这篇课文编入小学语文教材，目的是让学生初步了解微型小说。编者的意图是让小学生对这类文体有个大概了解，为以后进入中学进一步深入学习打个基础，做个引子而已。

教学这篇课文时，我们应该把着力点放在学习语言表达上，根据课文特点，带领学生学习作者如何用简洁的语言渲染紧张气氛，如何采用环境描写衬托人物形象，如何抓住人物的细节描写突出人物形象，如何巧设悬念来结尾等，而不应该把着力点放在分析老汉的光辉形象上。

如果我们能站在全局的高度去审视教材，我们就会发现，为了让学生对微型小说这种文体有个进一步的认识与了解，编者还在五年级下册选学课文中安排了《一件运动衫》《丰碑》两篇微型小说，作为教学《桥》的补充阅读材料。如果我们再深入研读教材，还会发现同一册教材第八单元回顾拓展中，编者还有意识地安排了一篇世界上最短的科幻小说作为"趣味语文"，让学生阅读。

"横看成岭侧成峰，远近高低各不同。不识庐山真面目，只缘身在此山中。"倘若我们不能站在更高的视角去审视教材，倘若我们没有系统思考的思维方式，我们很可能就会陷入"当局者迷"的困境。

怎样才能让自己养成系统思考的习惯呢？经过摸索，我找到了一个"笨办法"——表格式梳理教材。找一张大白纸，横栏中填写单元名称，竖栏里填写教材的册数，逐册逐课阅读教材，一边读一边把每篇课文的题目写在相对应的单元格子里。读完 12 册教材，填写完这张大表格之后，你再把这张大表格往墙上一贴，站在表格前，你会发现，突然之间，仿佛自己成了一个军事指挥官面对一张作战地图，有一种运筹帷幄之感。这种感觉，只有自己一课一课读过，一笔一画写过，才会真切感受到。

当我第一次把 12 册教材每个单元的主题、每篇课文的题目摘抄在这张大表格中时，我心中的顿悟超过了几年的学习所得。通过这张表格，我知道教科书中什么时候出现成语故事，什么时候出现寓言故事；通过这张表格，我明白第一首词出现在哪一册哪一个单元，第一篇科普文出现在哪里；通过这张表格，我知道小学 12 册教材中安排了多少篇神话故事、童话故事，安排了多少篇科普说明文、多少首古诗词。有了这样的整体认识以后，当我们面对其中某一篇课文时，我们会非常清晰地知道它所处的地位，这样一来，我们对这一篇课文的目标定位会更加准确。

在这张大表格边上，我还制作了许多小表格。譬如，把三年级到六年级的习作训练内容整理在一张表格中进行对照。把口语交际的安排整理在一张表格里进行比较。后来，我的"表格梳理法"再次拓展，我把人教版 12 册教材安排情况梳理在一张大表格中，把苏教版 12 册教材安排情况梳理在一张大表格中。然后，把这两张表格挂在一起对照。通过这样的对照、比较，你会悟到许多平时不曾想到的东西。

许多老师，见我梳理的表格很漂亮，想拍成图片，打印出来放在自己的案头，以备查询。我一概不同意。不是我小气，而是我心里清楚，这种整体观念，如果自己不去一课一课静心读过，如果自己不去一笔一画誊写过，是不会形成的。即使形成了，也是不深刻的。

我想，倘若教材编写者在编写教材前，也能制作一张这样的大表格，把一套教材从一年级至九年级18册课本每个单元打算编写什么，通过反复斟酌、仔细推敲、广泛研讨确定下来，再根据这个表格去编写每一个单元、每一篇课文，恐怕就不会出现小学、初中教科书重复收编同一篇文章这样的低级错误。我想，倘若以后的教科书或者教学参考书，能将一年级至九年级各单元所配内容做一个表格，附在教科书、参考书后面，对老师们整体把握教材一定"有百利而无一害"。

比知识更重要的是方法。学会系统思考，让我尝到了教材钻研、文本研读的甜头。2011版课标出台以后，"语用""文体意识""指向表达的阅读教学"等字眼成了热门词汇。不是夸口，说实话，这些热门词汇，在2011版课标出台前，我就敏感地意识到了，并写了许多相关的案例、论文，阐述自己的观点。譬如"阅读教学要关注文体特点"这一话题，我早在2010年前梳理人教版12册教材时，就已经深刻体会到。同样是科普说明文，三年级教材中安排了，五年级教材中也安排了，但许多老师在执教时，没有考虑到年段目标要求，教学三年级课本中的《太阳》和五年级课本中的《鲸》没有区别。更有甚者，甚至忽视"文体"特点，把说明文当作记叙文来教。人教版教材安排的神话故事，三年级上册的《盘古开天地》是首篇，五年级下册的《猴王出世》是收尾。这期间，安排了十多篇神话故事，如果没有系统思考，没有对教材作一个梳理，没有强烈的文体意识，具体到某一篇的教学时，目标定位一定会出现偏差。

"欲穷千里目，更上一层楼。"怎么才能"更上一层楼"呢？我想，用这种笨笨的"表格梳理法"，或许能帮我们跨上教材钻研、文本解读的"更上一层楼"。

系统思考是一种"见树又见林"的艺术。它是一种思维方式，善于运用这一思维方式的人，能看到局部，又能看到整体；能看到现象，又能洞察现象背后的成因。它还是研究学问的一种策略，善于运用这一策略的人，不仅能知其然，还能知其所以然。在这个世界上，你不可能比别人做得多，因为每个人每天都只有 24 小时，但你可以比别人做得好。要比别人做得好，我们必须注意策略。在众多的策略中，系统思考显得极其重要。

以课程为引领追赶大师

> 课堂可以翻转，大师可以超越。教师不仅是课程的实施者，也是课程资源的开发者与建设者，这是时代赋予我们的权利。在课程构建中，寻找属于自己的一片艳阳天，是我们弯道超越、追赶名师的捷径。
>
> ——题注

特级教师蒋军晶是我的好朋友。一次闲聊时，他像是自言自语，又像是对我进行提示："我们这一代青年教师要追赶像于永正老师这样的大师，课程建设恐怕是个不错的选择。"

他不经意间的一句话，给了我很大的启发。

是啊，新中国成立以后，涌现出一大批扎根教学一线的教育家，他们在我们心中，就是教育界的大师。像霍懋征、斯霞、于漪、于永正等等，且不说他们的师德师风，就拿他们的教育教学艺术来说，都是我们这些晚辈难以企及的。他们在课堂上展现出来的技艺臻于完美，恐怕我们学一辈子都难以超越。作为新生代、后来人，我们如何追赶这些我们景仰的大师呢？时代赋予我们一个特殊权利：既是课程的实施者，也是课程的开发者、建设者。教师可以根据不同地区、不同学校、不同学生的需求，开发与之相适应的课程资源。

自 2001 年实施新课程改革以来，全国各地涌现出了许多课程开发与建设的优秀教师。韩兴娥老师推出了"海量阅读"课程；薛瑞萍老师用"日有所诵"改变了一届又一届学生的命运；蒋军晶老师的"群文阅读"研究，吸引着大量追随者；丁慈矿老师建构的"对课"，独领风骚；刘发建老师的"亲近鲁迅"课程被《人民教育》多次报道……这些青年才俊用课程开发与建设唱响了新时代教师专业发展的凯歌，用这种有别于上一代名家大师的专业发展方式，为自己开创了一片艳阳天。

用课程改变学校。有一档节目红遍了大江南北，叫《舌尖上的中国》。由《舌尖上的中国》我联想到了学校。我觉得学校就像一个酒店、菜馆，教师就好比大厨，而课程就是你这家店区别于其他店的招牌菜。你这家店有什么与众不同之处？用什么吸引家长、招待学生？答案是课程。一所特色鲜明的学校，必然是培养目标和育人体系独具特色的学校，而与之相适应的，也必然是学校课程文化的丰满、适切和个性化。为改变"千校一面"同质化发展的局面，推动学校多元化发展、特色化发展，目前全国各地许多学校都在进行校本课程开发的探索和实践。每一所学校，由于发展的进程不一样，面对的挑战不同，工作的重点可能就不一样。但是，不管有多少个不一样，有些东西是永恒不变的，课程设置就是个永恒不变的问题。我们首先要寻找到学校课程的价值立足点，才能对校本课程进行富有针对性的开发与实施。许多媒体报道过北京十一学校李希贵校长。他立足学校实际，挖掘学校教育资源，发挥学校的教育优势，传承学校的文化内涵，把学校内外的教育资源整合在一起进行规划，以学校文化为主线，构建学校课程体系，为学生的发展提供了适合的教育。北京十一学校用课程改变学校的做法很值得我们学习与借鉴。

用课程引领教师。在许多教师的观念中有个错误的认识，认为课程开发与建设是专家的事，是课程顶层设计者的事。其实不然，从某种意义上讲，教师是课程建设的关键。每一位教师都应该致力于校本课程的开发与实施，为学生的个性发展搭建舞台。教师要通过校本课程的开发，逐渐形成自己的特色课程，让学生受益，让自己在学校课程的开发中实现自身价值、体味教育幸福。最简单的做法，就是凭借课文研发课程。譬如，我们学习了以劳苦人民为写作对象的《锄禾》一诗后，完全可以带出《悯农》二首、《伤田家》、《蚕妇》、《陶者》等一组古诗，让学生在诵读这一组以劳苦百姓为描写对象的古诗中，感受到诗人们对穷苦百姓的同情与怜悯，也能体悟到这一类古诗语言表达上的特色。蒋军晶老师推出的创世神话群文阅读，就是以《盘古开天地》为切入点，找寻不同国家、民族的创世神话整合而来的。另外，结合本学科研发新课程也是一条重要途径。2001年开始推行的新课程改革，赋予了教师课程自主权，教师有了课程设置的"自留地"，这给我们一线教师提供了一个开放的空间。在打好学生学习基础的前提下，你可以研发个性化课程，发展学生的兴趣爱好，培养学生的技能特长。比如管建刚老师的班级作文周报，丁慈矿老师的对课，薛瑞萍老师的"日有所诵"等，就很受学生欢迎。在课程开发与建设过程中，我们会不知不觉养成系统思考的习惯；在课程开发与建设过程中，我们的专业素养会不知不觉得到提升；在课程开发与建设过程中，我们对教育教学的理解会更加深刻。

用课程培育学生。丰子恺先生有一幅以教育为主题的漫画——《捏泥人》。只要看过一次，我相信大家都不会忘记。学生是千姿百态、个性不同的鲜活个体，但我们总希望用一种方式去教育千百万个性不同的学生。这恐怕是中国教育的一个重要病症。与西方发达国家相比，我们的教师赢在课堂技艺上，输在课程建设上。我们将给学生提供什么样的教育环境和教育内容，以对学生的终身发展起到积极影响？如何给每个学生提供个性化的教育？我们应基于学校、教师、学生实际，研发出富有特色的校本课程，供学生自由选择。不同特色课程的开设和活动的开展，拓宽了教育的领域，也充实了教育的资源，能最大限度地满足不同兴趣和潜质的学生发展的需要，个性化的教育就不会成为一种空谈。什么样的教育是好教育？能给每个学生提供最适切的教育就是好教育。兔子不会游泳，乌龟不擅长跑步，我们不能做让兔子学游泳，让乌龟学跑步这样的傻事。用课程培育学生，需要我们全体教师都成为课程资源的开发者与建设者。这既是时代赋予我们的权利，更是培育好下一代的应尽职责。

人们常说，教育科研自觉与否，是区别教书匠和教育家的分水岭。课堂可以翻转，大师可以超越。邯郸学步，只会裹足不前。投入到课程开发与建设中，或凭借课文研发课程，或结合本学科开发新课程，或从学生喜爱的角度切入建构全新的课程……这是我们追赶、超越大师的一条捷径，更是融合中西方教育优点的一种好做法。

教育不仅仅是良心活

教育是良心活，但不仅仅是良心活。进入高度信息化的时代，如果我们不能基于数据、运用数据，不断改善、改变自己的教育行为，还在用"教育是良心活"来搪塞，教育真的会滞后得像个"老古董"。扶贫要精准，教育评价也要精准。

——题注

经常听到"教育是良心活"这句话，仿佛它是一句至理名言。对这句话，我有自己辩证的理解与看法。我对教育是良心活的理解：一是教育需要用教师的良知守护好学生的良心。二是选择教育意味着选择了奉献，选择了甘于清贫与寂寞。三是教育是很难像工厂计件工种那样量化考评的，投入如何、效度如何全凭一颗良心。但教育真的仅仅是良心活吗？如果一名老师因为教育效度的难以量化考评，因为教育评价的延后性等，常把这句话挂在嘴边，为自己工作能力、水平的低下开脱的话，我就想谈一谈我对这句话的另外一种认识与理解了。

教育真的仅仅是良心活吗？教育工作的优劣真的难以精确分辨吗？我不认同这个看法。不信，我就举一个极其简单的例子来说明。听写词语，是小学语文老师检查学生词语掌握情况的一项检测。下面，我列举三位老师的检查方式，咱们来探讨一下，哪种方式更有效。

　　A 老师：报一个词语，学生写一个词语。

　　B 老师：一口气报三个词语或五个词语，而且只报一次，学生听写。

　　C 老师：朗读三个句子，三个句子都有要听写的某个词语。学生听老师朗读三个句子以后，写出某个词语。

　　这是三种完全不同的听写方式。A 老师的做法是完全没有技术含量的，这种听写方式，家长、学生也能代劳。B 老师的听写方式与 A 老师相比，技高一筹，他不仅完成了听写词语的任务，还训练了学生的思维、记忆与专注倾听的本领。如果两个不同的班级，一个采用 A 老师的听写办法，一个采用 B 老师的听写办法，一个学期下来，两个班级学生的听力水平，会相差一个档次。再来说说 C 老师。与 B 老师相比，C 老师水平又高了一层。C 老师采用这种听写方式，不仅仅听写了词语，训练了学生的思维、记忆力和听力，还强化了语境，提高了学生的辨析能力。

　　教育是一门艺术，也是一门科学。不要老是说教育是良心活。哪怕是听写词语这样一个简单的教学行为，我们都可以区分出教育水平的高低。你还能说教育是模糊的、不可评价、不可量化的吗？教师队伍中，有相当一部分，常常用"教育是良心活"来为自己的不学无术，仅凭陈腐的经验日复一日重复着的、没有起色的教育工作辩解、开脱。家长向其了解学生情况时，总是说一些"粗心""不认真"之类含混、正确的废话。历史的车轮滚滚向前，教育发展到今天，进入高度信息化的时代，如果我们还是老用"教育是良心活"这样泛泛而谈的话语来形容自己的职业、事业，真的落伍了。如果我们不能基于数据、运用数据，不断改善、改变自己的教育行为，还在用"教育是良心活"来搪塞，教育真的会滞后得像个"老古董"。扶贫要精准，教育评价也要精准。大数据时代，我们要像计算机那样，基于大数据，对学生的学业情况进行精准分析，精准辅导。

　　教育是良心活，但不仅仅是良心活。今天，我抛出这个话题，和广大老师探讨这个话题，主要是想给那些"只缘身在此山中"的"当局者"们一个善意的提醒。在教师队伍中，有相当一部分老师每天只知道埋头走路，从来不知道、不愿意抬头看路，从事教育工作几年、十几年，甚至二三十年，总是按照自己已经陈腐得不能再陈腐的套路教着一届又一届学生，从来不会揣摩一下隔壁的平行班老师的教学方法、教育策略，从来不会吸纳一些符合学生身心发展规律和教育规律的、已经被验证了的好方法。他们还时常拿着"教育是良心活"这块挡箭牌，为自己辩解："你怎么证明我的方法陈腐？没准十年二十年后来比较我和你的方法，还是我的有效呢。"

今天，我抛出这个话题来讨论，还有一个原因：教育进入大数据时代，我们该如何借助云计算、大数据精准使用教育策略？我还是以小学语文听写、抄写词语为例。我想问一下各位，一般情况下，小学生到底一个词语抄写几遍最合适？巩固率最高？许多人当了一辈子老师，到退休时，你问他，他都答不出。为什么会这样？主要原因是，他压根儿没有去研究过。小学生抄写词语，一年级一般几遍比较合适，六年级一般几遍比较合适，如果你能清晰、明确地说出来，那就不得了。为什么社会上说医生是专业技术人员，别人不会有异议，而说教师是专业技术人员，有很多人不认可？因为拿许多教育问题去问老师得到的答案和没有从事过教育工作的社会人士给出的答案是一样的。一次，我去医院看望生病住院的朋友，和医生谈及朋友的病情，医生介绍说我朋友的病情是 A 级 4 等。经过了解，这类病从 A 级到 C 级，一共分了 3 级 15 等。我好奇地询问：为什么你们能这么精确？医生告诉我，这些数据的产生，是在成千上万病例分析基础上得出的。听了医生的介绍，我深有感触，我们的教育工作能做到如此精准、精确吗？很多人都觉得教育面对的是一个个鲜活的个体，一个个复杂的灵魂，怎么可能像医学那样精准、精确？其实不然，基于大数据，基于云计算，教育是可以做到根据学生个体情况，选择适切的方式、方法的。为什么目前我们还没能做到？除了教育信息化的运用还不够深入外，更重要的原因是许多人意识上"教育是良心活"这类含糊的认识观在作祟。

教育是良心活，但不仅仅是良心活。希望大家不要被这种含糊的认识蒙蔽了探寻教育真谛的双眼，更不能用这种陈旧的观念搪塞自己的工作。

我们诟病的却是别人羡慕的

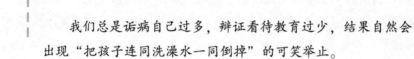

我们总是诟病自己过多，辩证看待教育过少，结果自然会出现"把孩子连同洗澡水一同倒掉"的可笑举止。

——题注

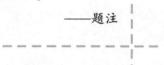

2016 年 7 月 14 日，据新华社报道，英国教育部 7 月 12 日宣布，全国约 8000 所小学将采用亚洲国家，特别是中国学生学习数学的方法，并为此向这些学校拨款 5400 万美元。这项改革涉及全英国约一半的小学。英国教育部发言人称上海 15 岁学生的数学水平比英国同龄学生超前三年左右。目前已经有一些英国学校采用了到英语交流的中国数学老师的教学方式。

无独有偶，澳门借鉴内地的做法，举行了澳门首届小学数学教师优质课比赛；台湾教育界许多有识之士，看到大陆地区教师职称评审制度对教师专业发展的巨大引领作用，呼吁借鉴大陆的职称评审制度。

长期以来，在国人心目中有一种"外国的月亮比中国的圆"的普遍心态。这种心态，不仅影响着我们看待事物的方式方法，还会使我们的价值判断产生不正确的偏离。

上海中学生在国际学生评估项目（PISA）中连续两届获得数学、阅读和科学第一的好成绩，而且数学平均分远高于英国学生，优秀率也高于英国学生，这样的成绩引起了发达国家和全世界的关注。2014 年，英国教育部选派 72 名小学数学教师到上海考察学习。2015 年，BBC 播出三集纪录片《中国式教育》，记录了五位中国教师在英国用中国的教育方式对英国孩子进行为期一个月的教育教学。英国教育界这样做，旨在破解中国教育的秘密。通过比较，他们总结出了上海数学教育的六大优势和"秘密"。《中国教育报》曾以"我们为何看不到英国人眼中的'中国教育'"为题，刊发了评论文章。

一直以来，国人总在诟病中国教育，以至于谈及中国教育，必然会想到"填鸭式教育""应试教育""抹杀个性"等。在批评我们的教育问题时，我们有没有看到中国学生学习专注度高、基础扎实、知识掌握牢固、课堂效率高等优势呢？从英国教育部门组团访华"取经"、BBC 播出纪录片到采用"中式教学"，这告诉我们，关于中国教育我们太妄自菲薄了。我们总是诟病的多，辩证看待教育的少。其结果自然是会出现"把孩子连同洗澡水一同倒掉"的可笑举止。

同样道理，中国现行的教师研训制度，特别是不同层级的赛课制度，虽然存在这样那样的一些问题，但不可否认的是，这样的赛课制度对教师的引领示范作用无疑是巨大的。通过类似于全国青年教师小学数学优质课、小学语文优质课比赛等活动，中国东部沿海发达地区与西部欠发达地区、长城内外、大江南北，新的教育教学理念会在很短的时间里传播开来，进而影响与改变广大一线教师。中国设立的各级教研员队伍、中国的校本研训制度等在别人眼里都是"中国教育的秘密"。澳门在与内地的教育教学交流中，深切感受到全国赛课对全面提高教师教育教学水平、提升教育教学理念的巨大作用。所以，自 2015 年，澳门借鉴内地的做法，引进赛课制度，并聘请内地的特级教师、教研员担任评委。然而，我们对赛课的诟病却远远多于对其可取之处的总结。

这几年，对中小学教师职称评审制度的批评一浪高过一浪。有人主张，取消职称评审制度，模仿台湾地区，达到一定教龄自动晋级；有人提出，一线教师不用写论文、搞课题研究，只要把书教好就行，因此职称评审取消论文、课题评审。取消职称评审，采用按教龄晋级真的好吗？我曾有机会接触台湾地区的老师，每次谈及大陆地区的职称评审制度，他们都非常羡慕。他们说，台湾地区因为按照教龄晋级工资的做法，教师的职业倦怠非常严重，最让他们担忧的是，许多老师虽然教龄有十几年，但教学水平甚至还不如刚入职的。为什么会这样？因为许多老师教十多年书，只是把一年的故事重复演绎了十几遍而已。没人愿意上公开课，没人愿意搞研究，他们现在在奔走呼吁引进大陆地区的职称评审制度，以期破解教师的职业倦怠危机。为什么有些老师会抵制写论文、搞课题研究？一方面，有的老师为了某些目的，找"枪手"代写，令人不齿。另一方面，有许多老师"吃不着葡萄就说葡萄酸"，有一种我得不到的你也别想得到的心态在作祟。苏霍姆林斯基说过："如果你想让教师的劳动能够给教师带来乐趣，使天天上课不至于变成一种单调乏味的义务，那你就应当引导每一位教师走上从事教育科研这条幸福的道路。"教师写论文、进行课题研究，最终目的不仅仅是改进教育实践，还可以改变自己的生活方式，从而在工作中获得理性的升华和情感的愉悦，提升自己的精神境界和思维品质。我们不能因噎废食，因为存在瑕疵，就全盘否定，这种"极左极右"的极端思维要不得。

月亮只有一个，为什么"外国的月亮比中国的圆"？或许是因为，外国的月亮是想象中的，而中国的月亮就在我们头顶上。拥有的不一定会珍惜，失去了才觉得珍贵，我们所诟病的有时恰恰是别人所羡慕的。

去掉三多，专心忙教学

> 去掉三多，把老师们从没完没了的杂事、毫无意义的培训和名目繁多的检查中解放出来，让老师们安心教育教学，安心做学生工作，相信中国的教育改革一定能取得一个跨越式的发展。
>
> ——题注

有一次，我对参加培训的老师做了一次问卷调查，其中一个问题，让我感到忧心忡忡。我问老师们，上班期间你有多少时间用于教学、用于研究学生？统计下来，老师们普遍认为连30%都不到。那70%的时间与精力用到哪儿去了呢？老师们直言不讳地说："都拿来应付没完没了的杂事、毫无意义的培训和名目繁多的检查了。"我的这一调查，与国际经合组织（OECD）公布的数据不谋而合。2016年2月，国际经合组织公布的教师教学国际调查结果显示，上海初中教师每周工作时间为39.7小时，其中用于课堂教学的时间为13.8小时，占工作时间的三分之一，远低于国际平均值19.2小时。老师们疾呼："谁能让老师静心教书，潜心育人，从教学外的忙转向教学内的忙，中国的教育就有希望了。"

一线老师大量的时间都用来应付一些和教育教学、关爱学生毫不相干的杂事了。杂事来自系统内外各级各类名目繁多的表格、竞赛、活动。依法纳税进校园要填写表格，预防黄赌毒进校园要有记录，廉政文化进校园要有教育痕迹，文明餐饮、光盘行动要有数据，垃圾分类教育要提供照片，等等。为了维稳，班主任要排摸登记班级里外来务工人员子女的家长信息并造册；春秋季节，卫生防疫部门要求班主任每日报告学生出勤情况，如果有感冒发烧的学生，要报告原因，学生康复了，要核销有关信息；要督促家长到指定的安全教育网站进行学习，并将家长的完成情况登记造册上报……这些没完没了的杂事，有校内的，有校外的，有教育系统内的，有教育系统外的，只要和学生沾上边的，老师都必须应付。这些杂事，耗费了老师们大量宝贵的时间。千条线万条线，都要从老师这枚针的针眼上穿过，老师能不忙吗？

我们的老师和欧美等国家的相比，最大的不同就是在岗教研活动多、外出培训多、各类评比多。不可否认，教研活动、业务培训、各类评比对提高教师专业水平有一定的促进作用，但我们必须思考一个更严肃的问题：教师频繁外出培训，正常的教学秩序受到影响，这是教育应有的常态吗？我就以五年360学时的学分培训来说吧，我们折算一下就知道问题的严重性了。五年360学时，一年意味着要完成72学时，一天8个学时，完成72学时就得9天。一个老师一学年大概有9天外出培训，能不影响正常的教育教学秩序吗？除了各级各类被动培训外，还有各类评比几乎充斥教育全过程。据说，有的老师为了参加某项评比、竞赛，整年整年全身心投入到比赛前的准备，正常的教学、班级管理只能放手。

除了杂事多、培训多之外，老师们不能安心教学的另一个原因是检查多。当前，教育的过度行政化，正在严重束缚着教师，很多是与教学无关的行政任务。各种各样的检查评估接踵而至，教师的很多精力被迫用于按照各级指令执行任务。每年学校要接受的评估、检查应接不暇。说起来，这些工作都很重要。但往往因为检查的部门不同、侧重点不同，检查时需要做的台账不尽相同，为了应对这一项项检查，老师们不知要投入多少精力做台账、汇总资料。有的时候，为了一项检查，要准备几十个档案盒，近百个指标资料。老师们少则要忙几天，多则要忙几个星期。可以毫不夸张地说，学校获得的绝大部分集体荣誉，背后都堆放着如山般的台账。据我身边的幼儿园园长介绍，为了评定一个省级认定的等级幼儿园，一所幼儿园全体老师往往要投入大概半年的时间和精力准备各类台账资料。

近年来，许多有识之士都在不停地疾呼：还学校一片宁静教育的空间，给老师松绑，让老师做纯粹的教育，让学生有一块安放安静课桌的地方。然而，这些疾呼很快就被淹没在喧嚣的滚滚大潮中。学校对应的"婆婆"太多了，谁都有权要求你交一份工作计划、工作总结或填写几张统计表格，谁都可以要求你去参加一个活动或出席一个会议。所有的材料都必不可少，所有的会议、活动都非常重要。所有的老师都被一种不可抗拒的力量指挥着、牵引着或驱赶着，忙忙碌碌而又无所作为。

十年树木，百年树人。教育是一项需要心无旁骛、专心致志、持之以恒的事业。教育最怕被打扰、折腾。倘若，我们能还教育一个宁静的空间，相信，中国的教育定能实现一个飞速的跨越。古人云，人能常清静，天地皆悉归。心静则智生，智生则事成。教育工作者最需要的是宁静、守恒，如果天天心浮气躁，天天被与教育无关的杂事、烦事缠身，能静心教书、潜心育人吗？更何况人的精力是有限的，一名老师每天把70%以上的时间和精力用在非教育教学上，怎么可能有时间去研究学生，研究教学，研究教育学、心理学呢？

去掉三多，把老师们从没完没了的杂事、毫无意义的培训和名目繁多的检查中解放出来，让老师们安心教育教学，安心做学生工作，相信中国的教育改革一定能取得一个跨越式的发展。

为提高教师待遇鼓与呼

20 世纪 30 年代初，大中小学教师的平均月薪分别为 220、120、30 块银元。当时县长一个月 20 块银元，而国小老师一个月可以拿到 40 块银元。也就是说，民国时期小学教师的工资竟是县长工资的两倍。

——题注

2017 年 7 月 21 日，《钱江晚报》用三个整版的篇幅对近年来杭州中小学教师出现的"辞职潮"进行报道，并在当日的头版用"公办老师：我们为什么要'逃'"的大字标题作导读，深度剖析当下中小学教师的现状、心理和选择辞职的真实原因，引发舆论的高度关注。几个月里，仅仅一个区的公办学校里辞职脱离体制的教师人数就达数十位。以前招聘老师，一个岗位数十人竞争，这几年招聘教师，有些岗位甚至出现报名不足的情况。教师辞职潮一年胜似一年和没人来应聘当老师的现状，不能不引起我们的重视。

透过现象分析原因，我们不难发现，教师辞职潮产生的原因，压力大、工作累、责任重是一个方面，但更主要的是"编制"的吸引力在消失，工资薪酬低。就以杭州中小学教师为例，人均年收入也就 10 万元上下，这当中还包括五险一金。其实，发到手的纯收入，每月也就五六千元。试想，在一个房价动辄每平方米三四万元，即便偏远至离中心城区二三十公里的城郊每平方米都要两三万的杭州城，教师这点工资，何以安居乐业？与公办教师微薄收入形成鲜明对比的是校外教育培训机构的老师的收入。这些老师，年收入少则几十万，多则上百万。有许多离职到培训机构工作的老师，周一至周五休息，只要周六周日上两天的班，每月收入都有一两万。

生活的压力，体制内捉襟见肘的微薄薪酬，再加上校外培训机构开出的高额的薪酬诱惑，自然会促使许多教师选择辞职，离开体制内的公办中小学。杭州某区短短三年时间，教师离职人数急剧上升的数据警醒我们，我们要高度关注体制内公办教师的教育生态环境，高度关注体制内公办教师的生存状况，加大力度切实提高教师的薪酬待遇。1986 年颁布、2015 年修订的《义务教育法》明确规定：教师的平均工资水平应当不低于当地公务员的平均工资水平。然而实际情况是这样吗？《义务教育法》的有关条文得到落实了吗？因为各地落实不到位，执行不力，2016 年，国务院又印发了《关于统筹推进县域内城乡义务教育一体化改革发展的若干意见》，要求乡村教师实际工资收入水平不低于同职级县镇教师工资收入水平，县域内义务教育教师平均工资收入水平不低于当地公务员的平均工资收入水平。如果《义务教育法》中有关教师工资薪酬的规定得到落实，我想国务院也不会再次发文强调这一点。因此，预防公办中小学教师"辞职潮"，首先要从贯彻落实好《义务教育法》做起，切实提高教师的工资薪酬。

百年大计，教育为本；教育大计，教师为本。教育是国计，也是民生。教育是民族振兴、社会进步的基石，是提高国民素质、促进人的全面发展的根本途径，是中华民族最根本的事业。教师是人类灵魂的工程师，肩负着开启民智、传承文明的神圣使命，承载着千万家庭的美好梦想和希望，是社会主义事业建设者和接班人的培育者。一方面，我们要加强教师的师德师风教育，加强教师的责任感、使命感的提升工作，让我们的教师不忘初心，怀揣梦想，永远有朝圣般的教育情怀；另一方面，我们也要切实改善教师的生存状况、生态环境，大幅度提升教师的工资待遇。工资待遇不仅要参照公务员的，甚至要比公务员还高。2013 年 9 月，《羊城晚报》曾刊文介绍民国时期的教育投入状况：20 世纪 30 年代初，大中小学教师的平均月薪分别为 220、

120、30 块银元。当时县长一个月 20 块银元，而国小老师一个月可以拿到 40 块银元。也就是说，民国时期小学教师的工资竟是县长工资的两倍。义务教育是一个国家文明进步程度的标志，是教育工作的"重中之重"。推动教育事业又好又快地发展，关键在教师。提高教师的工资待遇，是尊师重教最切实的体现。我们只有大幅度提高教师的工资待遇，才能吸引更优秀的人才选择师范类专业，选择教师职业，才能有效遏制教师"辞职潮"，既留住教师的身，又留住教师的心。当前，我们国家正在推行"党以重教为先，政以兴教为本"的执政理念。我们一定要高度重视教师"辞职潮"这一现象，防患于未然，以避免国民教育的根基受到动摇。

"蹲下来"倾听孩子心声

著名教育家加里宁曾说:"教师每天都仿佛蹲在镜子里面,外面有几百双精锐的,富有敏感的,善于窥视你优点和缺点的孩子的眼睛,在不断地盯着你。"为师者应善于从这面"镜子"中获取许多具有参考价值的信息,对镜正己,适当调整,与学生共成长。只有这样,教育才能更好。

——题注

2017年9月2日,《燕赵晚报》一篇《初中生95页PPT诉说上学的烦恼》的新闻报道,引起社会关注。据报道,石家庄一位初二男生针对老师留的家庭作业多、老师体罚、家庭暴力等问题,在社会调查的基础上,制作了一个长达95页的PPT课件,向教育局反映,希望这个课件能在学校播放,对老师和家长进行教育,为教学改革提供决策依据。

看到这个新闻报道以后,我要为这个孩子点赞。这是一个多么可爱的孩子啊,面对老师、家长的不当教育行为,他能当面给老师、家长提意见,跟老师争辩。争辩无果以后,他能利用暑假空闲时间,广泛开展社会调查,走访三所学校的同龄人,用数据说话,用直观形象的图表、图解、数据表达自己对学校教育、初中生作业量、老师体罚行为、家长粗暴行为等的看法,而且非常理性、理智地去找教育主管部门反映。要求只有一个：引起老师和家长的反思，为教学改革提供决策依据。当下，这样的孩子太少了。许多孩子面对老师、家长的不当行为，要么选择忍气吞声，做乖顺的小绵羊，要么选择自暴自弃，糟蹋自己。部分极端的孩子甚至会选择自杀等方式以示抗争。这个孩子则不同，他通过社会调查，把自己看到的一些不良现象，通过逻辑性强、生动形象的课件进行反映，警示教育者反思。教育孩子最重要的是把孩子当成与自己人格平等的人。做教育最需要的是"蹲下来"。当老师、做家长，因为总是站在高处，我们不由自主地包办了学生的成长，甚至支配着他们的思想。久而久之，我们会听不到、听不进孩子的心声。只有"蹲下来"，我们才能平等地看待学生成长的快与慢，才能看清脚底下那些或深或浅的学生前进的足迹。只有"蹲下来"倾听学生的心声，我们才能找到更适切的方法陪伴他们、教育他们。如果当老师、做家长的总是居高临下，听不得孩子的建议、批评，总是一副不可冒犯的姿态，怎么找寻到教育的真谛，怎么找寻到开启学生心灵的钥匙？著名教育家加里宁曾说："教师每天都仿佛蹲在镜子里面，外面有几百双精锐的，富有敏感的，善于窥视你优点和缺点的孩子的眼睛，在不断地盯着你。"学生就是老师的一面镜子，这面镜子可以映出老师的美与丑，可以看出老师工作的得与失，为师者应善于从这面"镜子"中获取许多具有参考价值的信息，对镜正己，适当调整，与学生共成长。只有这样，教育才能更好。

随着社会的发展、文明程度的提高，人人平等的意识会越来越强烈。"蹲下来"倾听孩子心声，不仅是对学生的一种尊重，不仅是建立平等师生关系，拉近师生间距离的一种教育姿态，更是走进学生心灵，对学生进行心理健康教育的一种策略。近年来校园欺凌、暴力事件时有发生，新闻媒体常有关于学生心理健康问题的报道。中学生因为学业压力、青春期、叛逆期等的叠加，心理健康问题不容乐观。疏导中学生的心理问题，需要老师、家长耐心倾听他们的心声，给他们提供心理宣泄的通道，不能让他们把不满、郁闷、烦躁、苦恼等堆积在心里。而畅通这种心理宣泄的渠道，依赖于大人"蹲下来"的姿态以及我们提供的有关措施。我们应该给孩子提供一个畅通表达自己诉求的平台，应该鼓励孩子把心里话说出来。能说出来的都不是问题，最怕的是孩子心门关闭，对老师、家长失去期望与信心。

一个原本成绩很优秀的初中生，竟然有需 95 页 PPT 来诉说的烦恼。我相信其中一定有许多地方表述欠准确、欠成熟，值得商榷，但一定有许多问题值得我们这些教育工作者、家长深思。譬如孩子提到的课业负担问题，这是一个不争的事实。减负喊得震天响，但落实到孩子身上，到底减了多少呢？现在教育主管部门、学校努力在给孩子们减负，但家长却在给孩子增负。蓬勃火爆的培训班、热销脱销的教辅资料、各类课外辅导练习册，都告诉我们，具体到孩子身上，负担没有减少的迹象。现如今的孩子，寒暑假已经成了他们的第三、第四个学期，哪里有真正的假期可言。孩子述说上学的烦恼，不仅仅指向学校、老师，还指向家庭、家长。因此，我们确实需要透过孩子的心声，去思考学校教育、家庭教育以及孩子成长的诸多问题。

这世上没有无缘无故的爱，也没有无缘无故的恨。孩子用 95 页 PPT 诉说烦恼，反映作业繁重问题，老师体罚、家庭暴力、校园欺凌问题，老师为人师表方面存在的问题以及敷衍教学问题。孩子罗列的 7 句老师们常说的话语、25 种处罚方式，对照对照，有多少老师敢理直气壮地说自己从没说过、做过？孩子是一面镜子，他从小到大，与那么多老师接触过，哪个老师教得好，哪个老师教得不好，他比谁都清楚。因此，为师者真需要"吾日三省吾身"。

一名初中生的烦恼引起社会这么高的关注度，我觉得不是一件坏事。眼里有学生，耳朵里听得进孩子的心声，我们的心里必然会产生波澜，心里有波澜了，教育向好的方向发展一定会更进一步。

信息时代，如何守住我们的注意力？

> 信息时代，我们的专注度在消解，注意力也在消散。诺贝尔经济学奖获得者赫伯特·西蒙指出："随着信息的发展，有价值的不再是信息，而是注意力。"
>
> ——题注

老师们是否有过这样的经历与感受：备课时，上网查找资料，点开网页，本来是去找资料的，然而，就在点开网页的那一刹那，我们的注意力就开始转移了、分散了，这儿点点，那儿看看，不知不觉间，半个小时、一个小时悄然流逝。翻开一本书，打算静心阅读一会儿，还没看几分钟，手机上有新的微信来了，点开回复，顺便打开微信朋友圈翻看，这儿点个赞，那儿留个言，一圈翻看下来，书一页没看成，半天时间却不见了。相信这样的情景，对于绝大部分老师来说，再熟悉不过了。

信息时代，我们的专注度在消解，注意力也在消散。诺贝尔经济学奖获得者赫伯特·西蒙指出："随着信息的发展，有价值的不再是信息，而是注意力。"置身在这个巨量信息的海洋里，你是否有喘不过气，无所适从、无法自拔的失控感？是否有被巨量信息呛着、噎着的淹没感？是否有茫然不知所措的迷失感？现如今，许多人起床第一件事——看手机；晚上睡觉时，看手机不看到上下眼皮打架，决不罢休。本来手机是人类的工具，而如今似乎人类差不多已经被手机奴役。同样道理，本来信息应该为我们所用，而如今我们却被信息牵着鼻子走。巨量信息时代，专注度、注意力成了当下的稀缺资源。

信息时代，如何守住我们的注意力，不被浮华遮望眼，不被喧嚣乱心智？吃饭时吃饭，走路时走路，睡觉时睡觉。读书、备课、批改时，关闭QQ、微信等即时交流平台，把手机放到远一点的地方。不要一边手捧着手机，一边读书；不要一边听着音乐，一边备课；不要一边看着新闻网页，一边改着作业。守住我们的注意力，首先要做的就是该干啥时就干啥。我们都是凡人，极少能做到"一心二用"。看专业书籍、备课、批改都是专心致志的活儿，不是在健身房里健身，可以边听轻音乐边运动。水静极则形象明，心静极则智慧生。静能生定，定能生慧，慧能生智。要守住我们的注意力，先要守住一颗安宁的心，不浮躁，不喧嚣。微信、QQ即时交流平台上，没有重要到需要我们时时刻刻、分分秒秒马上就要进行处理的信息，暂时先放一放。用好每天当中整块整块的时间，把那些碎片化的时间留给处理那些即时交流的杂事。

信息时代，要守住我们的注意力，除了需要拥有一颗安宁的心外，还需要提高我们的信息素养。面对巨量信息，我们不能像"小猴子下山"那样，不断变换方向与目标，在互联网上闲逛一圈，看似接收了许多信息，实则都是过了一下眼瘾，什么东西都没有留下。一名教师何为具有良好的信息素养？用一句直白的话语来说，就是点开网页时，始终牢记自己为什么要点开网页，朝着一个既定的、正确的目标去使用互联网，不要被哪些与自己既定的目标无关的信息引到岔道上去。在日常工作、学习中，我们经常会犯这样的毛病：本来是打算上网找教学资料的，但一打开网页，我们这里看看明星离婚、出轨，那里看看某某官员如何又被双规，东一下、西一下，很快忘了原本要干什么。提高信息素养，需要我们有勇气改变可以改变的，有度量接受不能改变的，有智慧区分两者的不同。或者说，需要我们提高过滤能力，过滤掉那些与我们毫不相干的信息，减少那些无用信息对自己的干扰。

信息时代，要守住我们的注意力，还需要留一些时间供我们静思默想。

我们处在一个知识大爆炸的瞬息万变的信息时代。面对海量信息，许多人连开车时都不忘刷屏，到处都是低头族、手机控，好像眼睛、耳朵是借来的，一刻都不舍得让它们休息。过度使用眼睛，过度使用耳朵，其实也在不知不觉地消解我们的专注度和注意力。要守住我们的注意力，需要远离信息源，每天留出一部分时间用来静思默想。这一点，对教师来说，显得尤为重要。"学而不思则罔"。教师这个职业是需要在不断反思中前行的特殊工作，只有静思默想，才能不断找寻教育的规律。对于教师而言，静思默想好比佛家打坐参禅，是不断修复日渐下降的专注度、注意力的一种复原性基本功。除了静思默想外，有时我们还需要通过阅读纸质书籍，来检验自己的注意力是否下降，来提振不断下降的专注度。信息时代，一名教师的注意力是否在消解，专注度是否在下降，有的时候，只需要给他一本艰涩的经典教育论著便可检验。但凡一捧起纸质教育经典论著便犯困的老师，我们基本就可以判定他的专注度和注意力是有待提升的。

最后，我想用一个浅显的类比来警示。中国女足，曾经的铿锵玫瑰，后来却昙花一现，黯然失色。为什么会从鼎盛滑落低谷？我的判断是，一群玩足球的姑娘，如果爱上了染发臭美，如果天天想着怎么护肤美白，怎么不被太阳晒黑，等待她们的注定是失败。看到她们个个顶着一头黄发走上绿茵场时，我就敢断定，她们没戏。同样道理，一名老师的专注度、注意力是否被消解殆尽，看他面对信息时的素养便一清二楚。

适合的才是最好的

"适合的才是最好的"。这个世界上没有废物，只有放错地方的宝贝。或者说，宝贝放错地方才成了废物。

——题注

丈母娘使用的手机一直都是最简单的老人机。后来，爱人新买了一部手机，把自己原先用过的一部智能手机给了丈母娘使用。结果丈母娘怎么也无法适应高级的智能手机，她说："再好再贵有啥用？还不如我原先的老人机。"没办法，我们只好让她继续使用老人机。从丈母娘放弃智能机，钟爱老人机这件事，我想到一句话："适合的才是最好的。"

适合的才是最好的，我们当老师的何尝不是这样？在我们成长的路上，会遇到许多赫赫有名的名特优教师。在广泛学习名特优教师的过程中，我就发现一个很普遍的现象，许多名特优教师非常优秀，但如果要让我们学习之、模仿之，我们会感到很不适应，感觉学不来，原因何在？很简单，因为你和他不是同类型的。这就好比歌唱家，同样都是唱歌的，但美声唱法和通俗唱法差异是非常巨大的。如果你先天的音域、音质和嗓音特色只适合唱通俗，却非要让你学唱美声，显然是不合适的。同样道理，在我们专业发展的模仿期，我们一定要在广泛了解众多的名特优教师的基础上，选择一两位特质上对自己胃口的，深入持续学习之。

适合的才是最好的，不仅适用于我们拜师学艺，还适用于我们成长中的路径选择。在教育系统有这么一个普遍现象：教学做得好，班主任当得好，很容易被提拔至学校的中层管理岗位，学而优则仕，教而优则仕。有的老师因为工作做得好，还会被提拔至副校长、校长岗位。有相当多的老师，都能从一位业务骨干成功转型为一名优秀的学校管理者。但实际中也不乏这样的情况：有一部分老师，教学、做班主任非常棒，绝对是业务骨干，可一旦放到学校管理岗位上以后，却"找不到北了"。而有些老师虽然教学业务平平，但转任成管理者以后，学校管理工作却做得风生水起、有声有色。这就是我想说的"适合的才是最好的"。世界著名教育心理学家霍华德·加德纳的多元智能理论告诉我们，我们每个人的智能结构以及擅长方面是千差万别的，再加上我们的性格类型等因素的差异，决定了我们有些人适合做这些工作，有些人适合做那些工作。老师也一样，有些人适合走专业发展之路，有些人适合走行政管理之路，有些人适合做一名纯粹的教师，有些人适合做业务、管理双料型教师。每一位老师在从教过程中，都会有许多选择，在作取舍时，一定要想一想，新的选择是否适合自己。

有的老师或许会说，没去试过，怎么知道适不适合呢？的确，不想当将军的士兵不是好士兵，是否适合自己，确实应该去试一试。但如果试过之后确实不适合自己，还是要趁早毅然决然地作出取舍。因为在中国人的观念里、意识里，从一名普通教师走上中层、校级领导，是发展了、成长了。而从一名中层、校级领导回归到一名普通教师，别人是不容易理解的。

遵从内心的选择，"适合的才是最好的"。这个世界上没有废物，只有放错地方的宝贝。或者说，宝贝放错地方才成了废物。南唐李煜，做个才子真绝代，可怜薄命做君主，就是一个典型的宝贝放错地方的例子。1952年，以色列第一任总统魏茨曼突然去世，总理古里安提请爱因斯坦为以色列第二任总统的候选人。以色列驻各国的大使以及以色列老百姓都希望爱因斯坦出任总统，但爱因斯坦婉言谢绝了。他在写给总理古里安的信中，有这么一段话："我整个一生，都在同客观物质打交道，因而既缺乏天生的才智，又缺乏经验来处理行政事务以及公正地对待别人，所以本人不适合如此高官重任。"多么明智的爱因斯坦呀！

1953 年，陈景润被分配到北京一所中学当数学老师，他不善言辞，很难做到对学生循循善诱，加上瘦小和体弱多病，积忧成疾，一年里住院六次，做了三次手术。如果继续当老师，中国不仅会因此少了一位世界著名的数学家，而且说不定还会造成他英年早逝。他放弃当老师，进入数学研究所当研究员，成就了卓尔不凡的功绩。"适合的才是最好的"，作为一名老师，有的时候，我们还真需要冷静思索，仔细审视自己，是不是当老师的料。如果自己以及周围的同事、身边的朋友都觉得你不适合当老师，还真需要作出取舍。

2013 年，国家主席习近平在莫斯科的一次演讲中曾说："鞋子合不合脚，自己穿了才知道。"这是一句大白话，朴素无华，却富有哲理；浅显易懂，却意味深长。"适合的才是最好的"，不仅可以指导我们反思自己的专业路径选择，也可以指导我们如何看待学生、教育学生。面对个性迥异的学生，我们要遵循孩子的个性禀赋，进行个性化、差异化培养与教育。"顺木之天，以致其性焉"，让爱音乐的学音乐，让喜欢美术的学画画，让有运动天赋的多发展运动技能。

"适合的才是最好的"，骆驼适合在沙漠里，骏马适合在草原上，轮船适合在大海上。你很优秀，但不一定适合做老师；你或许是一名优秀的老师，但不一定适合做校长；你或许是一名优秀的学校管理者，但不一定是优秀的教学业务骨干。真心希望每一位老师，不要让自己这块宝贝放错地方。

愿 56 号教室遍布中国

这是本书中唯一一篇写于 2012 年的随笔。收入此篇，是为了重温雷夫带给我们的启迪。雷夫说："教育界有太多的江湖骗子，他们教上两三年书，然后就想出一些聪明的口号，建立自己的网站，开展巡回讲座。在这个快餐型的社会，对复杂问题用简单办法解决，往往更容易被人们接受。我希望人们能认识到，要达到真正的卓越是要做出牺牲的，需要从错误中汲取教训，同时付出巨大的努力。毕竟教育无捷径！"

——题注

1919 年 5 月至 1921 年 7 月，胡适、陶行知、蔡元培以北大、尚志学会、新学会、南京高等师范学校和江苏教育会的名义，邀请美国著名教育家杜威来华讲学，在中国近代教育史上留下光辉的一页。时隔 93 年，2012 年 3 月 6 日至 10 日，美国当下最卓越的教育家雷夫来到中国，在中国刮起了一场"雷风"。

雷夫被誉为"美国最伟大的教师"。他在长达 25 年的时间里坚守第 56 号教室，创造了轰动美国的教育奇迹；他先后获得美国"总统国家艺术奖"、"全美最佳教师奖"、美国媒体天后欧普拉"善待生命奖"，并获英国女王颁发的不列颠帝国勋章等。他的著作《第56号教室的奇迹》成为世界最热门教育畅销书之一。

早在雷夫来中国之前，我就认真拜读过《第56号教室的奇迹》一书。书被我翻得都有些褶皱了，空白处密密麻麻写满了我的感悟：

"教育活力何在？活动，活动，还是活动。让学生在活动中成长！"

"面对学生，智慧的教师讲故事，平庸的教师讲道理。"

"投入，全身心地投入！热爱，倾注全部心血热爱你从事的工作，热爱学生，你一定能创造奇迹。"

"教师，尤其是小学教师，他的面貌，决定了教室的内容；他的气度，决定了教室的容量。"

3月8日早上7点，离雷夫老师出场作报告还有一个半小时，可我已经在会场里静候着这位充满神奇色彩的老师了。渐渐地，我发现人多起来了，连我十分仰慕的于永正、李希贵、王崧舟等老师也来了。

雷夫来了

8点30分，雷夫手握一瓶矿泉水，小跑着奔上演讲台。听见雷鸣般的掌声，他侧过脸，肩膀一歪，耸了一下肩，可爱地朝大家憨憨地笑了笑，一下子就把大家逗乐了。就这么短短的几秒钟，就这么简单的几个动作，我们就能判断出他绝对是个"活宝"式的老师。再看他的穿着：一身黑色西装，打着领带，可脚上却穿着一双白色球鞋，一副茶色眼镜被他戴在头顶。那酷酷的样子让你感到满是扑面而来的活力气息。

率真的雷夫。听雷夫的报告，大家有一个共同的感受：率真，说话从不遮遮掩掩，很真实，有什么说什么。他毫不忌讳地向我们介绍美国洛杉矶霍伯特小学办学条件的简陋，自己所在学校生源质量的薄弱。在谈到美国也有多得让人讨厌的标准化测验时，他甚至毫不掩饰地表达出自己的愤怒与不屑。当讲到自己坚守了25年的第56号教室，至今当局还没有帮助解决房子漏水的问题时，他眼里含着泪水说："我不知道，修一下房顶，不让它漏水就这么难吗？"他略带自我调侃又十分幽默地接着说："不过，现在我要告诉大家一个好消息，今年我们教室漏水的问题终于解决了。"他停顿了一下，补充道："上级给了我六个水桶。"听到这里，全场哄堂大笑。当杭州天长小学的两位小朋友给他送上小礼物，希望和他合影留念时，他发现自己和两个孩子站在一起偏高了，索性单膝下跪，轻搂着两个孩子，让学生一下子比老师还高。他跪得那么自然，跪得那么可爱，举手投足间让我们看到了一位率真的教育家——雷夫·艾斯奎斯。

平凡的雷夫。雷夫的报告没有客套话。他一上来就申明："我不是一个很优秀的教师。媒体把我描述成一个无所不能，能拯救任何孩子的人。那都是假的。那不是我。"有老师问他如何看待"没有教不好的学生，只有不会教的老师"这一观点时，他明确表示不是所有的学生都能教好的，不是所有的学生都会成功。他说：我经常失败。我睡眠不足。我在凌晨时分躺在床上睡不着，为一个我无力教育的孩子而感到极度痛苦。我时常身心疲惫地下班回家，让妻子安抚我受伤的心。我能做的就是给学生创造成功的机会，为学生打开一扇门，至于要不要走进这扇门，那是学生自己的事。雷夫在报告中曾经讲到这样一个故事：好莱坞要拍一部关于他的电影，如果答应下来，他可以获得上百万美元的财富。但他拒绝了。因为好莱坞要把他描述成一位完美的教师，无所不能的教师。他坦率地说："其实，我不是这样的人。"一天的报告，他反复提及自己是一位普通教师。他的话语有谦虚的成分，但我更愿意相信这是事实。因为他让我们感受到一位真实的、卓越的优秀教师，平凡的教育家——雷夫·艾斯奎斯，而不是一位遥不可及、高不可攀的神。

充满活力的雷夫。一天的报告，不论是上台还是下来休息，雷夫始终是可爱地小跑着的，那有些滑稽的跑引得大家哈哈大笑。考虑到同声翻译，怕听报告的老师不习惯，主持人李振村老师一再提醒他语速慢一点。但他一开讲就手舞足蹈，激情澎湃，充满活力。他的讲演极其有感染力。尽管大家戴着耳机，听同声翻译有些累，但现场气氛出奇的好。坐在那里，我能感受到雷夫那充满激情、充满活力的气场。上午和下午的报告当中，都安排了学生采访雷夫老师的环节。我注意到一个细节：当看到学生的时候，雷夫老师的眼神立马就发生变化了，他那双蓝色大眼睛立刻闪现出和蔼、慈爱。他的笑容，他那可爱的神态，感染了在场的每一位老师。全年工作48周，每周6

天，每天 12 小时。每周有三个晚上要工作到深夜，每周有两个通宵工作的日子，从深夜 11 点一直到凌晨 5 点。每个周末都要腾出时间工作。假日的每一天都在无偿地教学生，从早上 6 点开始一直到下午 5 点结束。放假还要义务组织学生旅行。他始终那么有活力，那么有激情，25 年如一日坚守在他的第 56 号教室里。激情与活力的背后，我读懂了什么是爱！投入，全身心地投入！热爱，倾注全部心血热爱自己从事的工作，热爱学生，才能如此充满激情，洋溢活力。这就是真实的、卓越的教育家——雷夫·艾斯奎斯。

雷夫来了，他让我们看到了一个率真、充满活力、粗犷而内心细腻、平凡而很有思想的真实的教师。他让我们感受到一位卓越教育家的真性情。走近他，仿佛创造第 56 号教室的奇迹并不难；走近他，仿佛做一名教育家并不遥远。

雷夫走了

一天的报告，雷夫几次提到他要抓紧回去。他说，他从 3 月 5 日出来，离开孩子得有一周的时间了，他想念学生。雷夫谢绝演讲以外的一切参观活动。到北京他没有去登长城、逛故宫，到上海他没有去黄浦江、老外滩，他在北京、上海、深圳各作一天的报告，3 月 9 日报告一结束，就飞回美国洛杉矶。轻轻地雷夫走了，却给我们留下深深的思考。

卓越的教育家来自长期的实践。从 1982 年至今，雷夫一直在条件艰苦的霍伯特小学第 56 号教室担任五年级老师。面对一群家境贫寒，且多出自移民家庭，曾经经常打架斗殴、吸毒的孩子，他用自己独特的教育方式，花了近四分之一世纪的时间，创造了一间充满奇迹的第 56 号教室。翻开他的《第 56 号教室的奇迹》一书，没有高深的理论，没有艰涩难懂的术语，有的是他 25 年来的实实在在的做法。他的"道德培养六阶段"理论，他的好玩的数学 Buzz，他的电影俱乐部，他的旅行课程，他的莎士比亚剧，他培养终身阅读的孩子的做法，等等，都是那么实实在在，那么切实可行。他不玩虚的，在他的书里没有水分，没有矫情。试想，没有 25 年如一日的长期实践，能有这样的体会与感受吗？雷夫说："教育界有太多的江湖骗子，他们教上两三年书，然后就想出一些聪明的口号，建立自己的网站，开展巡回讲座。在这个快餐型的社会，对复杂问题用简单办法解决，往往更容易被人们接受。我希望人们能认识到，要达到真正的卓越是要做出牺牲的，需要从错误中汲取教训，同时付出巨大的努力。毕竟教育无捷径!"不要感叹为什么我们培养不出教育家了。如果我们能耐得住寂寞，如果我们能在困境中充满活力、充满激情地坚守，我们一定也能培养出卓越的教育家，我们一定也能成为卓越的教育家。

成功的背后有许多鲜为人知的失败。如今的雷夫可以说功成名就，饮誉世界。当主持人李振村老师问他，回忆自己的从教经历，有什么失败可以和大家分享时，雷夫说："失败太多了。提起失败，我都不知道从哪件事说起。"看着满屋子追逐打闹的学生，他沮丧过；面对无力教育的孩子，他心灰意冷过。他说，他有过不被理解的苦闷、痛苦。家长不理解，妻子认为他偏执，同事说他是疯子，朋友说他精神有问题。并不是所有从第56号教室走出来的学生都成为他所期望的样子。回忆起自己教育过程中失败的故事时，雷夫总是滔滔不绝，他有一种淡淡的哀伤、内疚和自责。连资深教育策划人、《小学语文教师》杂志执行主编听了雷夫有关失败的故事后，都感慨地说："老师们，像雷夫这样的老师都有这么多失败故事，我们还怕失败吗？我建议要出一本《失败教育学》，让大家明白成功的背后是由无数失败堆砌而成的。"

教育需要高超的智慧，需要坚持不懈，更需要大胸怀。雷夫的报告让我深深地意识到：有热情和态度还不够，还要有智慧。巧妙地做，坚持不懈地做，才会充满力量，才能创造奇迹。一间教室能给孩子带来什么，取决于教室桌椅之外的空白处流动着什么。他对教育，对学生倾注着全部的爱。面对棘手的学生，他没有用铁腕政策，没有用高压措施，没有用害怕教育。他说，与其后悔，不如多反省。发怒换不来学生的好行为，换不来你所期望的学生。用一句流行的话语来说就是：有勇气改变可以改变的，有胸怀接受不可改变的，有智慧分辨两者的不同! 雷夫的大胸怀更体现在他对学生无私的爱上。与其说是25年的坚守创造了第56号教室的奇迹，不如说是雷夫无私的爱创造了奇迹。只要学生愿意，他的教室可以等到最后一个学生离去才熄灯，哪怕是晚上 10 点。雷夫的报告中没有提到一个"爱"字，但我们分明能感受到他对学生、对教育倾注的全部心血。

雷夫回美国了，但他留给我们的思考却很多。要想成为雷夫并不是一件很容易的事，谁能像他那样坚守着一间外面下大雨，里面下小雨的旧教室不抱怨？谁能像他那样面对一个素质参差不齐、打架斗殴不断、秩序混乱的班级不恼怒？谁能像他那样 25 年如一日在困境中充满活力、充满激情地坚守？不要总是抱怨应试教育，在我们这里发生的一切，在美国同样有，甚至比我们这里还有过之而无不及。美国的检测不仅给学生排名，还在成绩后面标注老师的姓名。为了数学测验分数，他们那里也有许多老师挤占科学课，连科学书也不让学生翻开。现实的环境是差不多的，关键还是看我们是不是愿意做一名卓越的、特立独行的、有思想的教师。

尽可能利用自己所拥有的那点空间，最大限度地让学生感受到学习的快乐，感受到成长的快乐，感受到做一个人的快乐。初中、高中能不能做到不好说，但至少在小学是可以做到的。雷夫走了，我们成不了雷夫第二，但我们可以让第 56 号教室遍布祖国大地。

致不甘平凡的你我

从小学至 1990 年中师毕业，我一直偏爱数学，害怕语文，尤其惧怕的是写作文。中师毕业前的大实习期间，我上了许多节数学实习汇报课，实习指导老师曾夸赞说："一块教数学的好料。小罗将来可以成为一名非常优秀的数学老师。"我也憧憬着做一名小学数学老师。然而，事与愿违，毕业分配到一所农村乡镇中心小学，因为学校缺语文老师，校长毛政简老师让我教语文。真是怕什么，来什么。没办法，我只能硬着头皮上。为了弥补先天"捉襟见肘"的语文素养，我一边教书，一边恶补文学素养，还利用空余时间，参加汉语言文学自学考试。因为是学校里仅有的几位所谓"科班出身"的老师，毛校长特别器重我，每遇学校举行大型活动，常常委派我写一写新闻通讯稿，给所在县城的一份地方报投稿。教语文对我来说，已经够为难的了，现在还要让我"写文章"，忐忑、发憷的我成天惶惶恐恐。说来真是奇异，当自己写的新闻稿出现在县城地方报上，看到自己的文字变成铅字的时候，所有的惧怕突然之间，竟然烟消云散。不经意间，我竟然爱上了语文，爱上了写作。从那以后，我不再是被动地被校长委派着写文章，我主动出击，四处投稿。经历了一段泥牛入海的苦涩等待后，我的论文、案例、新闻通讯、教学随笔慢慢地开始见诸各级各类报刊。我要感谢那些未曾谋面的报社、杂志社的编辑老师，是他们改变了一个惧怕写作者的情态，让我走上了一条从未预想过的专业发展之路。

在庞大的教师群体中，我不算是一个善于写作的老师。与许多教育名家、著名特级教师、青年才俊相比，出版的论著、撰写的论文，我远远不及。但勤于笔耕是我专业发展的一条重要路径。因为喜欢写点东西，我养成了反思的习惯。每当夜深人静的时候，我会把一天的所做、所感、所思、所想，述诸笔端。因为要述诸笔端，我养成了"反刍"的习惯。白天经历的点点滴滴，我会去芜存菁，透过现象，思考、看清本质。因为不断地去芜存菁，我慢慢学会了洞察浮华下面的真谛。静能生定，定能生慧。从教近30年，我从一名普通的小学语文教师成长为浙江省特级教师，宁波市名校长，甬派教育管理名家培养对象，别人心目中所谓的名师。我要感谢自己长年累月养成的勤于笔耕的好习惯。培根说："读书使人充实，讨论使人机敏，写作则能使人精确。"我要感谢培根，因为我是培根名言的获益者，写作的获益者。

《教师如何快速成长》这本小书是我近几年笔耕的"盘点"。作为一名在教学一线摸爬滚打的教师，我太了解老师们日常的教学生活了。许多老师，两眼一睁忙到熄灯，日复一日，年复一年，每天只管教书，却无暇抬头看路，无暇抬头仰望星空。老师们的工作现状，让我忧虑不已。百年大计，教育为本；教育大计，教师为本。我们在埋头教书的同时，应经常抬起头看看前方的路，回望一下出发的"初衷"。我把自己的忧虑、思考以及平时教育教学观察所得，写成了一篇篇小文章。2017年春节过后，我在这些小文章中挑选了十篇，打包发给了《中国教育报·课程周刊》的主编汪瑞林老师。令我惊喜与意外的是，汪主编看了我呈送的文章后，马上回复我说："这些文章很不错。我打算给你开设一个教育教学观察栏目，陆续刊发这些文章。"汪瑞林主编的回复，让我喜出望外。

《中国教育报》不断刊发我的小文章，一些微信平台也开始转载、推送我的小文章，这让我进一步意识到这类小文章的价值所在。通过规整、梳理，我发现自己竟然积攒了近40篇这类文章。我想，既然《中国教育报·

课程周刊》的汪瑞林主编都觉得这些文章好，既然微信平台上的点击量也挺高，我何不将这些文章整理在一块，出本书，送给那些不甘平庸的青年教师呢？2017年5月，经由朋友介绍，我联系上了华东师范大学出版社大夏书系的编辑卢风保老师。当我把出版小书的意图告诉他后，他让我发一些样文给他看一看。我编了一个目录，发了十来篇小文章过去。大约过了一两个小时，卢老师给我回复说："这些文章写得太好了！我是一口气读完你发来的样文的。愿一起努力，助力教师专业发展。"

有了汪瑞林主编的赏识，又有卢风保老师的认可，我打算出版论著的愿望愈发强烈了。利用2017年暑假的空闲时间，我对自己的书稿进行了初步梳理，并增补撰写了近20篇新的教育教学随笔。在确定体例、书名的过程中，我多方征询意见。这期间，宁波出版社的好朋友王晓君老师，从一个出版社编辑的视角出发，给了我许多详细的建议。宁波国家高新区教育教学研究室周胜敏主任，不仅就书名和编写体例给出了很好的建议，还特意购买同类书籍快递给我以供学习、参看与借鉴。我身边的同事、好朋友陆青春、陈佳美、沈晓萍、俞春丽等老师，都给我提出许多中肯的建议。特别是陆青春老师，更是通览书稿，给了我很多很好的参考意见。

在小书即将面世之际，我要感谢未曾谋面，却早已是好朋友的汪瑞林主编、卢风保老师，我要感谢给予我指导、帮助的这些好领导、好朋友、好同事。

我要感谢我的导师耿申教授。2017年3月，我被确定为宁波市第二批甬派教育管理名家培养对象。宁波市教育局聘请北京市教育科学研究院耿申教授担任我的导师。当我把打算出书的想法向导师汇报后，导师主动让我把书稿目录、体例给他看看。看了我的部分书稿、目录和体例以后，耿教授梳理了他对书稿体例、板块设计的构想。看着耿教授清晰的板块分类，我甚为折服。

我要感谢好朋友蒋军晶老师和德高望重的教育家顾明远先生。蒋军晶是全国著名的特级教师，在全国小语界知名度极高。他每天忙于工作、学习、讲学、著述，极其忙碌是他的写照。当我表示希望他能帮我写一写序，他二话不说，欣然应允。2017年11月底，我给顾老发短信，恳请他帮我作序。

顾老很快就回复我说："年底会议特别多，最近又一直感冒未好。如果你不急的话，等我身体好一些以后，给你书稿写序。"一位是全国著名的青年才俊，一位是德高望重的教育家，他们在百忙中均欣然答应我的请求，这让我感动不已。最让我感佩的是顾老，他担心晚辈久等着急，半个月里，两次给我发信息，告诉我因为身体欠佳还未动笔，让我不要着急。12月19日，顾老抱歉给我发来邮件："罗老师你好！因近期身体欠佳，只写了几句。顺祝新年快乐！"看着顾老的留言和写的序言，我泪湿眼眶。高山仰止，景行行止。顾老的风范让晚辈感动、感激、感佩。

我要感谢上海师范大学吴立岗教授、吴忠豪教授，感谢江苏省特级教师郭学萍老师，福州教育研究院何捷老师。他们关注着我的发展，关心着我论著的出版，不断鼓励着我。

我还要感谢我的母亲、爱人和儿子。为了能让我安心教学、潜心研究、痴心工作，母亲和爱人几乎承担了家里的所有家务，为的是不让我分心，能全身心投入在自己喜欢的教育事业上。我要感谢儿子，这两年恰好是高考冲刺阶段，正是需要我们分心多照顾他的时候，但他自主、自立，选择住校，一点不用我们操心，为我专注于教育教学工作，创造了良好的氛围。

絮絮叨叨，写下这些文字，为的是表达我的敬意与感恩。莫言说："没有人是无缘无故出现在你的生命里的，每一个人的出现都有原因，都值得感激。"看起来是一本小书，几十篇教育教学随笔，其中包含着多少朋友、长者的期许与勉励呀。正因为如此，我越发觉得要慎之又慎，我要仔细推敲每一个文字，我希望我的每一个文字、每一句话语都能不辜负朋友、长者的期许。

读书、教书、写文章、管理学校，几乎构成了我生活的全部。尼采说："每一个不曾起舞的日子，都是对生命的辜负。"为了不辜负有限的生命，为了让生命的宽度不断扩大，读书和写作成了我对生命隐退的一种抗拒。毕加索说："没有孤独，什么事都干不成。"这几年，白天忙学校管理、忙教学，我只能利用边边角角、零零星星的时间，利用双休日、寒暑假和晚上空余的时间来撰写这些小文章。有时，白天的忙碌已经让我疲惫不堪、筋疲力尽，晚上回到家，最想的事儿就是早点休息，但一想到"今日过去便不再有今日""今日事今日毕"，我便会强打精神，写好当日的教育教学札记，强迫自己读几页书。或晚睡，或早起，生命的痕迹化作一个个美妙的文字，幻化成一篇篇有血肉、有温度的文章。这本小书，是长期孤独、坚持的一份回报与写照。回望一路走来的点点滴滴，我百感交集。这本小书的付梓，让我看到岁月流淌的另一种模样。生命中的遇见都是一种必然。感谢有你，我至亲至爱的亲人、朋友与师长。

罗树庚于宁波
2018 年 3 月 27 日